# 张伯苓自述

张伯苓 著

泰山出版社·济南

图书在版编目（CIP）数据

张伯苓自述 / 张伯苓著. -- 济南：泰山出版社，2022.12

ISBN 978-7-5519-0730-9

Ⅰ. ①张… Ⅱ. ①张… Ⅲ. ①张伯苓（1876—1951）—自传 Ⅳ. ① K825.46

中国版本图书馆CIP数据核字（2022）第167784号

ZHANGBOLING ZISHU

## 张伯苓自述

责任编辑　王艳艳　王凌云
装帧设计　路渊源

出版发行　泰山出版社
　　　　　社　　址　济南市泺源大街2号　邮编　250014
　　　　　电　　话　综 合 部（0531）82023579　82022566
　　　　　　　　　　出版业务部（0531）82025510　82020455
　　　　　网　　址　http://www.tscbs.com
　　　　　电子信箱　tscbs@sohu.com
印　　刷　山东新华印务有限公司
成品尺寸　150 mm×230 mm　16开
印　　张　11
字　　数　140千字
版　　次　2022年12月第1版
印　　次　2022年12月第1次印刷
标准书号　ISBN 978-7-5519-0730-9
定　　价　39.00元

# 凡　例

一、本书收录了作者的相关经典文章或片段，主要展现了作者的学术历程或情感操守等。

二、将所选文章改为简体横排，以适应当代的阅读习惯。所选文章尽量依照原作，以保持文章的时代原貌，有些地方参照当下最新的整理成果进行了适当修改。

三、所选文章没有标题或者标题重复的，编辑时另行拟加或改拟。个别文章为相近内容之汇辑，另拟新题。

四、对有些当时使用的文字，如"的""地""得""化钱""记帐"等，均一仍其旧。

# 目录

- 001　南开学校的教育宗旨和方法
- 005　舞台、学校和世界
- 007　怎样改正过错
- 009　中国人所最缺者为体育
- 012　南开学校中学部第八次毕业式训词
- 014　本学期之政策
- 019　欲强中国,端赖新少年
- 022　拟向校风社社员演说大旨
- 023　吾之救国药
- 027　中国之第一要策在培养干才
- 029　毕业班训词

031　梁任公先生演说会开会词

033　关于青春期卫生教育

036　悼念张诗岑先生

038　旧中国之新希望与旧南开之新责任

042　南开学校满千人感言

043　改造中国须去旧材料用新方法

046　第三届远东运动会归来演说

050　留日南开同学欢迎会演说

054　中国教育之两大需要

057　访美感想

062　以社会之进步为教育之目的

065　教育宗旨当本国情而定

069　在南开乐贤会上对学生家长的演说

073　作事之方法

075　本校教育政策

077　要打算进步必须改组

079　坚卓不拔　发展进取

081　在南开学校全体教职员会上的开会词

083　在南开学校舒城同乡会上的演说

## 目录

086 暑假中学生之作业

089 对南开学校出版部的希望

090 解决世界大难题要在教育

091 南开大学第四学年始业式演说词

094 中华教育改进社第二届年会开会词

096 本学期之改革

097 办大学之目的

098 教育者当注重人格感化

099 中国之将来希望纯在人才

101 袁太夫人追悼会开会辞

103 最近的时局和我的希望

105 改造南开

107 开诚布公,根本改良

108 对事业应抱改造之思想

109 振兴实业,增进物质文明

111 青年的择业、婚姻和信仰

113 择交问题

115 在南开中学高级修身班上的演说

117 体育运动会的缘起和发展

- 120 南开学校的教育方针
- 122 当前的时局及南开的训练方针
- 124 中国革命与改造及吾人今后之机会与责任
- 126 学校如一小试验场
- 127 在南开学校庆祝二十周年游艺会上的讲话
- 129 本校经济问题
- 131 教育为改造中国之根本办法
- 134 关于师生合作问题
- 138 在南开学校追悼孙中山先生大会上的讲话
- 139 奋斗即是生活的方法
- 143 南开女中学新校舍建立基石礼开会词
- 145 基督教与爱国
- 148 熏陶人格是根本
- 152 学行合一
- 156 南开学校22周年开会词
- 158 远东运动会情形
- 160 今后南开的新使命
- 163 结婚四十年自述

# 南开学校的教育宗旨和方法①

（1916年1月19日）

（一）南开学校教育宗旨及其教授管理之方法

凡事必有一定宗旨，然后纲举目张，左右逢源。本校教育宗旨，系造就学生将来能通力合作，互相扶持，成为活泼勤奋、自治治人之一般人才。英语所谓Co-operative human being者是也。欲达此目的，不可不有适宜之办法。前山东师范生来本校参观，在思敏室茶话。席间有以本校教授管理之方法相询者。余当时曾设譬答之，谓如幼稚园之幼稚生然，唱歌时每须举动其手足。为之保姆者，不过略一指点。其前列聪颖之幼稚生，立时领悟，余者即自知如法仿效，无须事事人人，皆须保姆为之也。本校教授管理亦无以异是。惟在引导学生之自动力而已。诸位先生倡之，老学生行之，新学生效之，无须个个提耳谆嘱也。而精神则在"诚"字、"真"字、"信"字。本校至今办理小有效果者，恃有此耳。诸生日日灌溉此精神之中，亦知之乎？汝等新来诸生，亦当如幼稚生之视其前列聪颖者之举动，而注目先来诸生之勤苦者之举动，特汝等现在程度，远

---

① 本文为"校长修身讲演录"，由孙繁霱笔录。

非幼稚生之比，则努力进步，应亦较幼稚生为甚，如此作去，则九百余人之教授管理，殊易易也。

（二）爱学校

人为万物之灵，而不能如草木之孤立为生。在昔原人时代，人之生也，只知有母，其后人类进步，而有父母兄弟。以中国习俗言，尚有祖父母、伯叔等等诸关系。此种组织institution是曰"家庭"。然家庭系血统的联属，自然相爱。再进，人不能不求知识，为涉世之预备，于是离家庭、入学校，等而上之为社会、为国家。凡在一种组织之中，则己身为一分子，member一言一动莫不与全体有密切关系。对于社会国家，今姑勿论，而但言学校。学校系先生、学生与夫役三部所合成。其目的则造成德育、智育、体育完全发达，而能自治治人、通力合作之一般人才，以应时势之需要。诸生须知既为学校中之一分子，则汝实栖息于此全体之中。学校而良善，汝亦随之以受益；汝而良善，学校亦随之与有荣。反言之，学校而有缺点，汝亦不完；汝而有败行，学校亦玷污。利害相关，休戚与共。夫狭义之言学校，则课读而已；广义之言学校，则教之为人。何以为人？则第一当知爱国。今人莫知我国国民爱国心薄弱，欲他日爱国则现在宜爱校，既同处一校则相与关切至密，亦既言之矣！故须相爱，以相助相成，其理由至易明瞭。然则如何用其爱，第一对于人有师长、有同学、有夫役，余不敢谓本校诸位先生如何特别优尚，惟余生平任事数校，求如本校诸位先生之一致、之认真、之热心，并以余暇竭力扶助学生诸般之自治事业，殆属绝无仅有。吾向以中国前途一线光明，舍振兴教育外无他术。今得如许同志协心同德，将来当不无成就也。诸生知有人敬爱汝，则汝必思厚报之。今诸生能敬爱诸位先生，则诸位先生亦自更加精神，以惠爱答之也。然教育非如贸易者，以一文之价来，必以一文之物去，硁硁然不肯溢利与我也。且师长对于学生，莫不勉力扶植之，而对于资质稍次者为尤甚，表面似恨之，其实则竭力成全如恐不及。诸生切勿误会此意，对师长要爱，对于同学尤要爱。诸生试思，在家兄弟最多六七人已不易得，今在学校则九百余众，是皆异姓兄弟也。在家兄弟少，在校兄弟多，则在校兄弟之乐，自亦较大于在家兄弟之乐也。且在校同学一语良言，其益往往过于师长终日强聒，盖相习既久，长短互现，无隔靴搔痒之谈，多对症下药之论，收效之易自无待言。交友不必酒食征逐，须择规过劝善之真能益我者。然语云："无友不如己者。"西语亦有云：Birds of a feather flock together（喻人以类聚也）。优尚者与优尚者处我虽欲得益友，奈益友之不以我为友。何曰此，惟在汝自处如何耳！汝日日进步，则益友不求自至矣！自爱爱人，人安得不汝爱乎？今再言夫役，余生平之仆役，自为学生至于今日，无一人不忠顺于我者，此何以故？无他，以人待之耳。世人往往以奴仆为次于平人一等，至目之为禽兽，随自己之喜怒以横虐之，不知彼亦人也。汝不以人待之，彼亦不以己为有人格，渐渐无所不为矣！尚欲其忠顺得乎？若能以严正驭之，而加以仁慈使知自爱，既知自爱，夫何不忠顺之有？以上言在学校对于人之爱。兹复言对于物之爱，爱物亦公德也。公德心之大者为爱国家，为爱世界。在校先能爱物，而后始可望扩而大之。至于国家、世界、校中桌椅，非汝之所有，亦非我之所有，推而至于书籍、图报、讲室、斋舍、食堂、厕所、球场,亦皆非汝与我之所专有,而为学校之所公有。我所有者不过其一分,一方面既为我之一分,则我之物我爱而保存之,固宜一方面为众人之所公有,则众人我所爱也。爱其人自亦不应毁其物,如偶或损坏,务要到会计室自行声明,照价赔偿,不可佯为不知。因微物有价而人品无价,毁物不偿所省有几,而汝之人品全失。失无价之人品,余有限之微资,勿乃自贬太甚乎?同学见有此等事,应为立即举发,因彼所毁之物亦有汝之一分也。然此物之有形者也,尚有无形者,为团体精神与全校名誉。本校出版之诸种报纸、杂志,如《校风》《敬业》《英文季报》及未出版之《励学》等,皆团体精神也。较物质百倍可贵,则维持之、发扬之,应尽其力之所能及。至于全校名誉,其良否皆与尔各个人有关(**理详上**),则尤所不可忽也。

据《校风》第18期(1916年1月24日)

# 舞台、学校和世界[①]

（1916年3月1日）

寒假中，本校演《华娥传》新剧时，余向来宾演说，谓我校师生于演该剧时，固活泼泼地各尽其态，及开学后则各事其事，放纵毫无。盖一演舞台之戏剧，一演学校之戏剧，各求其妙，而不相淆也云云。余今日就此数语申言之。

昔英国文豪莎士比亚Shakespeare有言曰：The world likes stage（意即世界一舞台也）。余谓学校亦一舞台也。故就舞台、学校、世界，依次论之。

一剧中角色有工拙之殊。工者类能于出场前静坐默思，揣摩完善，迨出场时胸有成竹，故言语姿态惟妙惟肖，受人欢迎。否则，临场草草从事，何能中肯，何能致胜哉！然此犹剧之小者也，大之则为一校之剧是。

夫一校犹一剧场，师生即其角色。actors其竭虑尽思，以求导人之道及自励之方。佳者，亦犹扮角之多为预备也。学生在校，不过数年，将来更至极大且久之舞台，则世界之剧是。

---

[①] 本文为"校长修身讲演录"，由蹇先达、杨德埙笔录。

世界者，舞台之大者也。其间之君子、小人，与夫庸愚、英杰，即其剧中之角色也。欲为其优者、良者，须有预备。学校者，其预备场也。

以上三者，事殊而理一。其理甚浅，诸生想亦易辨。吾今不欲于此多费唇舌，惟愿诸生各自为谋，日求上进。则诸生可为新剧中之角色，且可为学校中、世界中之角色矣。

据《校风》第20期（1916年3月6日）

# 怎样改正过错[①]

（1916年4月5日）

我校向章，学生犯规，则予悬牌记过。前以其太苛，故自去秋起，记过者不复宣牌，惟宣布其姓名于预备室，用以养其廉耻。然学生有过则记之，而不予以自新之路，容其改悔，按诸教育原理，使学生改过之道殊为不合。故今特变其旧规，不用记过法，而用改过法。

嗣后凡遇学生犯过，先由管理员招往诘问，如能自认其过，且立志痛改，则予以竹签一，书其事于上，名曰"立志改过签"，使随身携带，坐卧不离，以资警励。俟迁善后将签取消，复为无过。此法纯以使学生改过为主，当较记过之法为优也。今引关于改过之名言数则如下："孔子曰：'过而不改，是为过矣。'"以此按名学推说，则过而改者必不为过矣！又曰："过则勿惮改。"夫改过而曰勿惮，可见过亦非容易改者。改过之法，当于下论之："子路人告之以有过则喜。"闻过则喜者，岂喜其有过也，喜其得自知其过，而可以改之耳！

某心理学家之说曰，习惯之在人脑中，犹道路然。凡人行

---

[①] 本文为"校长修身讲演录"，由陈裕祺记录。

一事，则留一道路于脑中，愈久而习愈深。如华人著西服，始则结纽也，著袖也，须处处留意。因脑中先无此路故也，继则著之不费力矣。脑中已有道路也。久则且著之于谈笑之顷矣。驾轻就熟，脑中道路已惯时也。又如弹琴、读书莫不皆然。故人之犯过，脑中亦留一路，改过云者，即求去此路耳。其法如下：

（一）勤辟新路。欲舍旧路，须辟新路。对于与其过恶相反之事而勤为之，则善愈固，恶愈远。此长彼消，理之常也。

（二）当众宣言，誓行改悔。已改过而使人知，则其过乃有不得不改之势。知者愈多，其效亦愈大。

（三）不许有例外。过须痛改，不可稍自容让。如戒鸦片，而偶因天气寒暖不和，或己身稍有不快，而复为一吸者，其瘾必不能断。盖改过自新，如缠线球，愈缠愈固，然偶或不慎坠地，则其球必散，数周皆开，前功弃矣！

（四）改过须自第一机会始。知己有过，即须立改，不可稍延。

学校对于犯过之学生，犹医生之于病者耳，非如警察之于盗贼也。医生对于病者，宜用最新之疗法。今我校"立志改过签"，本诸上引诸说，疗病之最新法也，且为诸生试之。诸生今日身边固未有竹签在也，然果皆无过乎？语云："人非圣贤，孰能无过？"然此犹谓惟圣贤为能无过耳。中国之大圣为谁？非孔子乎？孔子亦每自谓为有过矣，然则诸生岂真能无过乎？身边虽无竹签，愿各置一竹签于脑中，力改前过。儒家之说云，天良与人欲战；宗教家之说曰，圣灵与魔鬼战；心理学者曰，二气相争，皆改过之意。愿与诸生共勉之。

据《校风》第25期（1916年4月10日）

# 中国人所最缺者为体育[1]

（1916年5月10日）

我校运动会今已毕矣。余今日即藉此题讲演，因此事近且亲切，当较讲数千年前之经传为有意味也。

德智体三育之中，我中国人所最缺者为体育。欧美之道德多高尚，公德与私德并重。我国人素重私德而于公德则多疏忽，近则于公德亦渐知讲求矣。欧美人之知识发达，学术皆按科学之理得来。我国人固望尘莫及，然其学术发达之年代尚不为久，我国人竭力追之，犹可及也。至体魄，则勿论欧美，与日本人较，已相差远矣！

去岁，袁观澜先生观天津联合运动会，甚以为善。在教育部中竭力提倡课外运动，良以中国人之身体软弱以读书人为甚，往昔之宽袍大袖者皆读书人也。今日学校生徒，若非提倡运动，其软弱亦犹昔耳。

我校运动会取普及主义。近两年来改计分法，上场人甚多，而成绩亦美。今年有数门之成绩尚较去岁华北运动会为优者，可

---

[1] 本文为"校长修身讲演录"，由陈裕祺记录。

见竞争之效也。

此次运动会,有新学生数人进步甚速,而旧学生反有失败者,此因其自满与不自满之故耳。凡人作事切忌自满。自满者作事不成功之兆也。汝等不可自满,生存一日,即应求一日之进步。

竞争时,或因好胜之心过大,而不免有不正当之举动,此最宜切戒者也。即使用不正当之法,幸能胜人,而于道德已有碍矣。大凡有真才能者,必不肯用不正当之法以求胜人,如郭毓彬赛跑,纯恃其双足之力致胜。唐人咏虢国夫人诗云:"却嫌脂粉污颜色,淡扫娥眉朝至尊。"貌美者,不藉修饰也。某女校禁止学生修饰,某生不从,修饰甚力,问之则曰:"吾貌陋,非修饰不足以掩丑也。"然不自知愈修饰愈见其丑也。运动者而求以不正当之法胜人,必其自无才能,亦彼女生之类也。

有几班跃高,好择竿之弯者而用之,曰以前某班即如此也。噫!是何言欤?在校见他人用弯竿,己遂效之,而不问用弯竿之正当否也,则他日出学校入社会人皆用弯竿,尚能望其独用直竿也乎?曰人用弯竿,而我用直竿我岂非傻哉?曰:然。欲成事者,须带有三分傻气。人惟有所不为也,而后可以有为。不问事之当否,而人为亦为,滔滔者皆是也。汝等若亦知此得处之道,则可出校入今之社会矣。见他人用弯竿,而己遂效之,此种事所谓引诱也,当力绝之。且夫用弯竿之易于多得分数,不难明也。虽小儿亦皆知之。汝用弯竿,人岂遂谓汝智乎!亦缺三分傻气已耳。

凡欺人者,即幸能欺其所欺之人,亦必失信于其旁观者,自损名誉，难逃人眼。若二人合谋欺一人者，其后必自相争，虽一时巧弄谲诈，使人莫我知，终亦未有不声闻于外者。林肯有云："虚诈可欺少数人而不能欺全世界；可欺人于一时，而不能欺人于永久。"其言信然。虚诈之事，一旦发露，人将群起而攻之，可不惧哉！人思至此而犹不急退自返者，是在知识为不足，在道德为软弱也。

人人具好争心。教育家善导之，使趋于正，则所争无往而非善也。苟一不慎，而稍事放任，则所争易出规矩之外。本校开运动会时，各班皆力争第一，宜也。然二十余班，不能皆得第一，终必有失败者。失败之后，尤须加意练习，毋得因是沮丧也。西人有言：为赢易，为输难。输非难也，输而能不自馁，不尤人斯难耳。凡成事者，中途必受折磨，须胜过此种阻力，不因失败而灰心，而后始有成功之一日。此种精神，为中国少年人所最要者，汝等共勉之。

此次运动会计分新章，不完全之处甚多，如各班分数，均以人数平均。是于学生告假多之班，甚不利焉。后当重修定之。告假至若干日以上，则不计其分。

据《校风》第30、31期（1916年5月15、22日）

# 南开学校中学部第八次毕业式训词[1]

（1916年6月28日）

二年前，由他校并入本校生徒共四班。四班中以此次毕业诸君结果为最良善。今兹言别，不禁黯然。每星期三辄与诸君谈，然则余所奉劝于诸君者，诸君闻之熟矣。但此次为最后致词于诸君之日，斯不能不举其较大而易识者，为诸君将来出校作事的基本。我所望于诸君牢记而守之终身焉者无它，"诚"之一字而已。即现在座而非毕业生之诸位来宾与在校学生，亦甚望有以共体吾言也。就现在时局而言，袁前总统办事富于魄力，因应机警，即外人亦啧啧称道，然而一败涂地。其终也，纵极相亲相善之僚友亦皆不能相信，不诚焉耳。以袁一世之雄，不诚且不能善其后，况不如袁者。此吾少年最宜猛省者也。黎今总统才略不如袁，而即位旬日，全国有统一之势，恃诚焉耳！一以诚成，一以不诚败，而事实昭然。皆诸君所共闻共见，当不以所言为太迂远。盖权术可以欺一时一世，而不能欺世界至万世。不诚者，未有能久而不败也。用权而偶济，用诚岂不所济更大更远！中国近

---

[1] 本文由孔繁霱笔录。

来最大患,即事事好用手段,用手段为行权术也。权术遍,大地而中原人格堕。一种人而无人格与无此种人同。然则不诚之弊极足以灭种亡国。如此言,富强岂非缘木求鱼之道乎,可不戒哉!是故诚之一字,为一切道德事业之本源。吾人前途进取应一以是为标准。事出于诚,即无不成;偶败,亦必有恢复之一日。聪明人每好取巧,取巧而得巧,则处处思取巧,终至弄巧成拙,聪明反被聪明误,事后悔恨已无及矣!望诸君明征学理,细味不诚无物之言。近按时人详察一成一败之故,既深知之,即力行之。然则此后与诸君天涯海角,貌则离矣;意气相投,神则合也。言尽于此,奋尔鹏程。

据《校风》第36期(1916年9月4日)

# 本学期之政策[①]

（1916年8月23日）

今日为本学期之第一次修身班。本校修身班向用演说。主讲人大半为校长，亦时邀名人演讲。如上期全大夫之演讲卫生学，钱得洛先生之演讲印度状况是也。本期拟稍更前例，除校长外兼请专门、中学二主任及诸位教员并各名人演讲。内容则分为时事、训言、报告、名人演说四种。

吾人对此起首之时应作如何思想？吾尝思之，于四书中得数语焉，曰："凡事豫则立，不豫则废；言前定则不跲，事前定则不困，行前定则不疚，道前定则不穷。"诸生于个人之学业，开学前曾预思之否？当夫中日之战，日本得胜；及日俄之战，日本又胜，胡为而分胜败？盖一则于事前筹划尽致；一则临时仓促，其胜败之机不俟战后而可立判，此其一例耳。推而演之，何事非然。诸生非小学生，有脑筋，能思想，即宜各就自己现状预为思之。语云：尽人事，听天命。盖世界上最易失败者，即毫无思想之人类。预算者虽未必尽能成功，然不预算者之失败无俟龟卜。

---

[①] 本文为"修身班校长讲演录"，由常策欧笔录。

今就诸生应预算者略为计之，优等学生闻而行之，劣者遗忘之，善者或能因吾说而进一步思焉，是在各人之自省已。

（一）对于课程之预算。第一，勿旷课。读书之秘诀，曰"时时温习"。人生最不幸者，即求学期中发生疾病，因而误课是也。疾病之缠身，匪惟书不克读，即寻常治事，亦无精神以副之。青春几何？设使大好光阴，尽消磨于病中，其困苦为何如耶？第二，每日之课程应温习完毕。今日所授之课程，今日温习之；本星期所授之课程，本星期温习之；日日无压积，则对于课程觉有余裕，而自能时时复习矣。一日之光阴，恰如银洋若干元，设吾人数元在握，必预思此元何用，彼元何用？一日光阴何莫不然。宜预思此时作何事，彼时作何事？每日各事作成。一好习惯，即将来之一好人格，一有用之学生。第三，宜择自己较弱之课程而补习之。中学课程为普通学科，人生不可少之知识，退而处世应用，进而求学专门，非有中学之普通学科基础，断无成效可言，则学生之对于各科有求全之必要矣！

（二）对于体育。体育一科现时急宜注意。体育发达非啻身体之强健已也，且与各事均有连带之关系。读书佳者宜有健全身体；道德高者宜有健全身体。其练习之方法，正课则有体操、徒手体操，余如各种运动，庭球、筐球、足球等；器械运动，如秋千、天桥、手桥、木马、平台等。个人宜择性之所好者一二种，定时练习。二则卫生应加检点，而实行一端，尤为重要；如上期全大夫所讲卫生诸事，均宜按法行之，不可稍忽。卫生之中饮食最为重要。人当少年时胃口发达，所食反较成人为多。因食物非仅供其身体之需用，且资助其身体之发达也。而普通少年，大半以其胃口之发达，遂随意进食，毫无节制，乃伏后日生病之机。即以余为例，少年时曾信口乱食，今则胃中受病，消化不良矣！诸生宜鉴此实例，幸勿谓吾未身受，遂不加检点也。人所最难行之事即为制欲，是盖天地间之固然。卫生之道，非仅对于全体，即一部分之病亦不可稍忽。设耳、眼之一部受伤，全体功用因之失效。某君曾演说一最恰之比例云：长铁环一下系重物，一环损伤全体坠矣！盖身体各部虽各营独立之功用，而对于其余则有相互之关系及于全身。再则恶习宜戒除也，烟酒等习为青年最易犯者。今日为本学年之始，诸生青年为一生之始，自今日起，斩除恶习根株，与之搏战奋斗，易事耳！人生惟患不立志，语云"有志者事竟成"。诸生其三复斯言。

（三）对于各事之进行。本校于课程外，组织各种学会团体，以为学生练习作事之资助。有种学生，作事虽善，然所担任者太多，以致误其课程，此大非也；又有学生，专事读书，日夜埋首，除课程以外之事，毫不过问，此又非也。诸生今日之服务于各会，即练习将来作事之基础。若徒谓吾来求学，只知读书，其奈闭门造车出户反辄何？总言之，宜使课程与作事，互相调和，勿使有过长、过短之处斯可耳。

（四）对于经济之预算。吾尝闻人谓本校为贵胄学校，此语诚非过当。本校人数众多，纨绔子弟自属不少，衣锦绣，食膏粱，骄奢性成，任意挥霍，惟知金钱之任吾需用，而不一念其祖父创业之艰。须知学生时代为受熏陶锻炼时代，而非享安逸时代，此时作成节俭习惯，则异日任处何境，自无不能忍受之意矣！校中如膳制甲等外别立乙等，以为学生节俭之助，行后颇著成效。其余凡可减省者，则减省之，勿谓吾有祖父资财，而毫不节制也。凡上所述，皆学生生活事务，而决不可不预算者，诸生来此求学，更何能冒然前行，而于己身各事，毫不思索？今日预定前程，努力实行，何患乎学之不成，业之不就耶？有志诸生，宜知省矣。

本校数年来增长颇速，计初成立时教员学生共六十余人，迄今有二十载，而职教员已胜昔日全校人数，学生且二十倍于前焉！此数年内之增长，殆如十五六岁之童子，身体正当发育速度极高，而其中则不免有一部过长、过弱之处，因之颇不类人形，及过此时期，则发育完全而身体强健矣。故近数年来，本校之增长虽速，而于坚固一层尚觉稍差。本期之政策，即关此的去作，使各事均有一定之秩序，英文system之意是也。黎大总统就任之言，曰："将中国作成一法制国。"本校政策即将学校作成一法制学校，总不使一人之去留影响于全校，如古籍所云"人存政举，人亡政息"之意，则可耳！各事既有秩序，则无论何人视事均能依旧进步。其能力强者能扩充之，虽较弱者亦无退步之虞，使之坚固永久，斯本期之政策也。兹分述之如下：

（一）校长之责任分担于校董。本校昔年曾请严范孙、卢木斋、王益孙三先生为校董。本期拟扩充校董人数，假中徐菊人先生来本校参观，现时已请其担任此事，并蒙允诺。此外，拟再邀一二人任校董职，并实行参预本校重要事务。如此校董既负一分责任，则校长之责任减轻，而全校事务不致交于校长之一身矣！

（二）校长之下分专门、中学二主任。本校近年发达称速，同时又创设专门科师范班，故一切事务自倍于曩昔。自去岁已增中学主任，今复增专门部主任。以后凡属中学班各事可向中学主任询问；专门班各事则问专门部主任交涉。斯权限分，而事易举。

（三）校务分掌。职员中分管理、庶务、体育三课。各有课长、课员，其余各事并由诸教员帮助，分国文、英文、图书、学会、体育、学校卫生、音乐诸股，各司其职，各理其事。校长既不过劳，校事亦有秩序，而进步自易矣！

（四）定时作事。本校昔时人数较少，故学生有事无论何时均可问职员接洽；现全校人数将及千人，若仍用此法则恐诸职员有应接不暇之势。故拟仿本校会计处办法，每日有一定时刻接洽事务，在职员既可得暇休息，而学生又能养成秩序的习惯。诚一举而两得矣！

（五）对于各会。亦用本校政策，勿使增长过大，而求其精神坚固为要。

（六）对于各报。各出版物均请国文教员赞助，内容则取其精华而辞其繁冗。

据《校风》第36、37期（1916年9月4、11日）

## 欲强中国，端赖新少年[①]
（1916年8月30日）

此次"修身"，余拟用十数分钟之时间，对于时事稍言大略，以启诸生阅报之观念，庶不致一见报章茫无头绪，读而生厌。余对于时事不常为学生言之，何也？盖吾国每有对外之事，即患应付无方。每易受人欺侮，欲图富强几于无望，恐学生闻之徒生悲观。且少年心性每多好强或受激刺，生悲观则希望绝，受激刺则忿言起，二者皆非少年所宜，此余之所以不常言也。然如绝口不言，使学生对于世界大势、国家前途一无所知，又岂教育之良法？此余之所以必欲言也。此次中学会议，有某先生提议，值此修身时间关于"国耻"，当常为学生言之，以启发学生爱国之心，而激励学生忧国之感，斯言良是。唯言之必使学生闻之不致徒生悲观，过受激刺方可，亦颇难措辞矣。盖中国一线之望皆在学生之身，学生之责任可知矣。而小学知识太简，不如中学学生知识较深，中学学生之责任又可知矣。故此案决议后，遇有机会即当加入时事，盖激刺不可太过，然亦不可毫无也。

---

[①] 本文为"修身班校长讲演录"，由李纶襄记录。

今日所言之事为中俄协约。此事内容外间不得尽知，吾人可以往事征之。初日英协约表面为维持东亚和平，故日俄战争他国不加干涉，以有英监视也。其结果日吞朝鲜，此日之利用英也。英国海军皆在欧洲，亚东商业鞭长莫及，借日力得以保全，此英之利用日也。今则利尽交疏，故日又与俄协约，其意果何在乎？可思之而得也。我国适当其冲，来日大难未知税驾之所在于此，欲施补救之术果恃何人？旧官僚乎？新人物乎？官僚派吾无望矣！此次新登庸之人物乃竟有以烟土案而被嫌疑者，纵经百口解说，然径遥数千里，累累数千磅，岂竟一无闻知乎？岂竟毫无关涉乎？何不幸而冒此不韪之名也。一人之关系无足重轻。试就大势观之，吾中国或不至如朝鲜也。其首要原因曰：版图寥阔。邻虽强恐独力不能吞也。而各国战事方烈，当亦无暇东顾。此正转弱为强之好现象也。譬之病人，如人皆曰可愈，则精神为之一振；如自以为不救，则医药每至无效。我国今日，吾纵以为病虽危，尚不至诸医束手，决不至为朝鲜之续。明矣！今晨余至友朝鲜某君谈及亡国之惨，闻之不禁动颜。虽然，欲强中国责任谁归？曰：端赖一班新少年。然则少年自处应如何乎？曰：尽心为学，以备将来之用。语云：生于忧患，死于安乐。望诸生三复斯言。

关于训言者，余亦有数语，即上星期所言之预算，诸生已尽解之耶。盖天下事无论为全国、为各人，均非有计划不可也。中日之役而日胜；日俄之役而日又胜，皆计划之功也。此国与国之对待也。至以各人论，凡行一事，亦每至有阻力生乎其间，必须继以贞固之力，方不致徒托空谈。语云：言之非艰，行之维艰，是非具有一种能力以胜此阻力不可。余尝为汝等计划约有二法：一为先生之辅助，二为诸生之自治。夫然后先生之力渐减，学生之力日增，庶几人人皆具自治之精神而有作事之能力也。

关于体育者，复有一事，曰：检查身体。本校学生约近千人，人数太多恐难遍检。兹由医士列一病单，可按症填之，万勿隐病不言。本校学生徐绍琨、张润身之死，皆吾辈之过。殷鉴不远，其戒之勿忽。

据《校风》第37期（1916年9月11日）

# 拟向校风社社员演说大旨 [1]

（1916年9月20日）

　　时至今日，吾国大局殆已不可救药，无庸讳言。然而天不能亡我，惟我自亡。前途苟有分寸余地，即吾人犹有可为之机。诸君当知，中国近来之巨患不在有形之物质问题，乃在无形之精神问题。精神聚，虽亡，非真亡；精神涣，不亡，亦必抵于亡。吾国人心颓靡久矣，甚至麻木不仁，毫无生气。屡经政变，徒杀人耳，而乱乃益甚，是故欲图转机，物质上之运用已穷，不得不深入一步，直接从根本上着想，以振已死之人心。振人心之利器有二：曰演说；曰报纸。二者各有所长，惟报纸为能致远而经久，吾所望于诸君者无他，须藉此练习备将来苦口婆心，正言劝世，以振起国民新精神，以重续国家新运命耳！

据《校风》第39期（1916年9月25日）

---

　　[1] 本文在发表时有如下编者按："是日校长因有要事未能如愿莅会，用将演说大旨述之记者，嘱记者代达同人。然具有深意，所当永矢弗谖者，非第《校风》社员已也。"由孔繁霱记录。

## 吾之救国药①

（1916年9月13日）

此次对于时事，无许多要者可言，惟内国之中对于宪法起草案，关系似为较大，颇有可注意之价值。此事有数省督军欲加干涉，虽政府未必许可，然结果如何尚在不可知之之数。诸生阅报其加之意焉。至中日交涉现尚延迟未办，以外交总长唐少川氏尚未到任视事故也。

对于训言者，与从前所言蝉联而下，故初言预备，次言国家前途，而此次所言为吾之救国药。顾在未言之先，尚有其他事之小者，欲为诸生言之。其为何事？即为禁止学生在球房打球及书馆听书。球房原非大不韪事，乃多有借此为狭邪游之厉阶，故亦在所应禁。盖此地素称繁华，学生之在本校为学者，其父兄恒言较他处为放心，以本校能监督其行动也。故吾辈职员等遇有学生之犯此者，必不稍假借，以不负其家长之初心。欲杜此恶风而除此病源，曰有二法：一方面则教导之，以防其未然；一方面则调察之，以绝其再犯，则此弊习自然可绝矣！昨日有某先生察获二人旧习未改，一为

---

① 本文为"校长修身班讲演录"，由李纶裹记录。

旧生，一为新生。该旧生当晚退学，新生令之停学思过。其必如此惩罚之者，不独以其有污一己之名誉道德，且恐其传染他人也。盖少年之中具有自治之力，而不为外魔所移者实鲜。类多自治之力薄弱，染于苍则苍，染于黄则黄；与善人相处，则不失为君子；与恶人相处，则流而入于小人。芟芜刈稗正所以助苗之长也。或曰，他国人亦不能尽免无如此者。然此最不宜于吾国，具更不宜于吾国之少年，时势使然也。诸生其共勉旃。

此事既已言毕，余且更欲言吾之救国药矣！余在言此第一部，为诸生引对待之名词二，曰进取，曰保守。吾人试思吾国人之心理，其进取者乎？保守者乎？其为保守不必讳言。二者相较果何派为优？何派为劣？何派胜？何派败乎？有持进取主义者，国在东亚，执东亚之牛耳，繄何国乎？即东邻日本是也。汝等或曰：此国家情形问题太大，有吾辈不能尽解者，其有事近而理切者乎？曰：有，即吾校与他校较也。各校中有进取者焉，有保守者焉。吾校进取者也。即以各校各项竞争而论，吾校所得之结果如何？汝等之所共知也。此即进取之效力也。推而至于国家亦何莫不然。故欲强中国，非打破保守，改持进取不可也！然进取与保守之分别安在？进取者如万物正盛，譬之一年春夏之时也；保守者如万物已衰，譬之一年秋冬之时也。故进取得一日之朝气，而保守得一日之暮气焉。有朝气者，凡事振作；有暮气者，凡事颓唐。以此种颓唐之暮气，而欲与如旭日初升、灏气发扬之强邻相争存于二十世纪，其失败者非不幸也，宜也。故国家相比，则吾国有暮气者也，日本有朝气者也。而学校相比，吾校之与他校为何如乎？有何气乎？虽然所谓进取而有朝气者，要知非常胜之谓也，乃不畏败之谓也。惟不畏目前之败，方有最后之胜，敢断言也。于以知欲强中国非建一新中国不可也。然则进取一说与古圣微言相吻合乎？则盍视乎《易》？《易》曰："天行健，君子以自强不息。"彼之所谓天行健者，乃指昼夜相承，春秋代继，无时或已，长此不息而言也。吾人读此，则进取精神自然得矣！《圣经》亦云：人应时时警醒。中圣西圣其揆一也。前余之误在欲一劳永逸，今始觉之。以科学证之，当机器未昌明时，西国学者皆欲发明一种永动机，然卒无成。譬之食物，能一日之中，食数日之物乎？必不能也。故惟一日作一日之事，而日继一日，虽有时而休息而睡眠，然休息睡眠之后仍如前时，固无害也。如英国者，可谓得进取之精神矣。其所以与德战者，以德与之争也，非得已也；如吾国之保守，则必姑息从事养痈成患矣！初拿破仑蹂躏全欧，彼力抑之；今德国力排联军，彼又抑之；盖先发制人，后即为人所制矣！至于成败非所论也。保守者能如是乎？故必改持进取，方可致强。余之救国药如此。

此学期离校之学生，有至日本留学者，有至江西新远中学作事者，致函母校，大意皆言愿常守南开之精神，几于众口一词。然细思精神何在？有堪为吾人想者。值此不禁回思十一年前焉！忆昔无逾尺之植物，而今则聚九百余青年。昔之学生与今之教员，其数几于相等。至于与他校竞争，初无不负时，负而仍角；直至今日。今昔相较，又为如何？可见有毅力，有信心，无不达其目的者也。南开精神，其在是乎？虽其中不无小挫，不过如浮云之蔽空耳！推而广之，无论何事，无精神亦必归失败。或曰：吾为不争之事，如牧师教员等，所言者博爱，所言者道德，无精神似可矣！不知亦似是而非之论也。以此精神置之学校既发达，置之国家亦必能富强也。然此气有非一二人之所能为者，故端在群力以造成之耳！

据《校风》第39期（1916年9月25日）

# 中国之第一要策在培养干才[①]

（1916年11月22日）

余离校约三星期，计共十九日。路线系由奉天至长春，再至吉林，返长春至哈尔滨，回奉天至安东，过鸭绿江至朝鲜之宜川，复由新义州至安东，而之奉天，宿于本溪湖，次日由奉旋津。共演说三十九次，所见者，除中人不计外，共六国之人，曰英、美、丹、俄、日本、朝鲜；演说地点共十处，曰奉天、吉林、哈尔滨、宜川、新义州、安东、本溪湖。斯行也，有一事令人不能不注意者，即为国家观念。所搭之火车有为日资者，有为俄资者，有为中资者。在奉天有一车站甚为壮丽，为日人所造。其精神极佳，诚非虚誉。即司茶者作事，亦出以至诚。至俄路则不如日远甚，然犹胜于中人。总之，日人办事最为灵敏，组织便利，遇事争先；俄人身体长大，动作粗笨；朝鲜愤郁不平，卧薪尝胆；吾中国人既日俄之不如，而其松懈懒惰之状，即较之韩人亦略有差。思想非不密也，脑筋非不灵也，惟遇事推诿，不善组织。私事尚肯为力，一遇公事，则非营私即舞弊，惟尔诈我虞，

---

[①] 本文为"修身班校长演讲录"，由李纶襄、郭为障记录。

故冰消瓦解。此中国最可危险之事也。至于英、美、丹诸国，余以见者不多，不能以少数代表其全国，兹不细论。至若日本，人多地狭，故不得不变法以扩张其势力，而求生活，其生长之法，全体一致，联合以敌外人。中人则数千年来处专制淫威之下，时时防制，惟恐民智发达，又常自居为天朝，视他邦为夷狄，虽有一二入主中华者，然亦渐被同化。以故，人民毫无进取之心，久而养成懒惰之性。人多谓中国人民不自由，吾谓中国人太自由，此吾比较数国人民之感触也。

吾在吉、奉二省演说时，彼皆恐将来为日人所并。其痛切之语，有令人不忍闻者。吾语以此非一二省之问题，乃全国之问题。盖二省不同朝鲜，即不幸为日人所夺，然与中国同文同种，决无截而为二之理。苟其人心不死，则中国地大人多，日人必不能安然得之。然则国家前途抑谁是赖乎？惟应从自己作起，虽中国灭亡，亦必能复兴。一日奉省教育会长约吾演说，到场者约五六百人。吾告以今日中国第一要策，即在教育培养有干才之领袖，以养成一强有力，公正无私之政府，方可以御外；不然如仍如从前之松惰，则非人之亡我，实我自亡矣！

据《校风》第48期（1916年11月29日）

## 毕业班训词[1]

（1917年1月10日）

今日为时甚促，不获与毕业诸生作竟日谈。惟临别赠言，贵精不贵多。且平时每星期三之修身班演讲，诸生苟能悉记不忘，便已为益宏多，固无待今日之喋喋也。诸生居此四年，明岁虽仍有留校不去者，然究非全数。一旦分离升转他校，或置身社会，总宜先立定宗旨。盖青年人平日埋首学校，所练习所学得者，均为养吾身心，长吾志气之具，出而遇风波险阻，恃吾心志以抵触之。正道所在，他非计也。非然者随流逐波，图暂时之苟活，失一生之人格，则生命又何足贵哉！且夫今日正诸生立志之时，无论各具何长，要皆能发扬倡大，以备国家干城之选。设无志也，则飘萍靡定终无所成，与禽兽何异？舟之浮海，行必有方，使无准的，达岸何时？如今日国家者，岂非失向孤舟颠波于狂风巨浪中耶！诸生果如此舟，则奠如投之海洋以自沉，使尚欲有为于国中也。望各立尔志，急图自新。志不必尽同，亦不必尽信人言。一己所得，未必便合人意。人云亦云，殊非立身之道。盖人贵有

---

[1] 本文由周恩来记录。

价值者，一己之决断力耳。今日毕业，正中学学业之结束期，非学便于此止也。出而问世，不可浪用，不可放用，不可乱用。深求专学，尤望不可自萎。临别忠言，语短情长。听之择之，是在诸生矣！

据《校风》第51期"特别增刊"（1917年1月15日）

# 梁任公先生演说会开会词[1]

（1917年1月31日）

## 一、开会词

今日之会，按时修身班，例会也；按事则异于常：因全校师生久所景仰之人，一旦慨然允许，来莅斯会，斯诚吾人之大幸。惟先生粤人，操官话，有不谙其音者，切勿互相闻言，以扰此一片清论也。

## 二、赘语

今日之演说[2]，吾知有少数学生失望。盖其心一以为吾聆国中伟人如梁先生之演说后，便可立成伟人；一以为吾来素负盛名之南开攻读，便可成为完人。然今日梁先生演说之意旨，岂非令汝等失望耶？但此非全体心理也。梁先生有言，万一之希望在青

---

[1] 本文是张伯苓在欢迎梁任公来校演讲时的讲话。
[2] 梁任公应南开学校张伯苓校长之邀在南开学校修身班上讲演。该讲演由周恩来记录，题为《梁任公先生演说词》，发表在南开《校风》第56、57期上。

年学子。此言须加研究。在昔二十年前以梁先生及严先生论,早已虑及国中之危险,预筹拯国之方。逮及今仍不免于危险,则今日汝等之责任,岂不尤难且大乎?且汝等第一须知,吾南开所最短者,即为不识时务。盖其中纨绔子弟居多数,易流入浮躁愚鲁之境。则今日一席话,岂不又令汝等自省耶!于先生何有?生于忧患,死于安乐,此世界之公言也。故梁先生今日谓,磨练意志、锻炼学问为青年最要。此外尤有一事则感动,是今日之言,望诸生退而思之,寝馈其中,方有期于来日。音声相同者互应,此亦然也。

据《校风》第53期(1917年2月8日)

# 关于青春期卫生教育[1]

（1917年2月14日）

古圣有云：少之时血气未定，戒之在色。谈及此题，中国旧学说教授法，师长之对于生徒，父之对于子弟，往往讳而不言。以为似难出诸口者，盖数千年来之习惯使然。且非仅中国如此，世界各国亦无不然，殊不如人类世界第一部即为生命（按上海青年会出版谢洪赉先生所著之《读书指要》，其所举书目，第一即为卫生类，又"修学一助"中《应用科学指要》，美国《广世报》主笔华尔克氏之教育部类，列生命学及卫生学于教育之第二部）。苟不明其生命之原理，而妄为摧折，倒逆施行，纵人欲，疏卫生，其收恶劣之结果。可预言者，近世教育家知其然也，有提倡将生命之原理，明白宣布于幼年男女，使知纵欲伤身之害。故学校往往请著名医生演讲生理学之重要。色欲问题，盖古今万国世界人类莫之能逃，莫之或外者也。无论智、愚、贤、不肖，匪不具此机能。然而用之得当，斯种族因而繁衍；用之不当，轻则精神萎靡，无用成就，重则因劳成痼，或足戕生。拭目以观。

---

[1] 本文为"修身班训话"，由常策欧记录。

古今来因此杀身丧命者,曷可一二人数也!且圣人之作斯语,岂只为一时一二人道?盖已洞夫后世之蹈斯大劫,而不惜先作暮鼓晨钟。乃众生茫茫,竟无一人能逃此外者,可胜叹哉!诸生当中学时代,正为发达生殖机能之时。西洋学者有云:中学最为难办。盖小学时代,正天真烂漫之时,脑筋清白,无一毫人欲;而大学时代,则又已经成年,知识道德均已发达完全,有判别是非之力。故此二期其施教也易。唯中学时期,正当此人欲发达时代。学科以外,乃有此恶魔大劫,长与此清白之心为敌为难。故其设教不在徒授以课程,尤要在杜其贪欲之心,以纳于正规。斯其困难之所以倍也。诸生而无上进之心则已;苟欲上进,则于此等恶魔之引诱,当力为戒除之。其法有二:曰积极,曰消极。积极之法,先宜立志。盖此心中常有一高尚之问题在前,斯一切卑鄙不足道之引诱,自当退避三舍。次则常行运动,以活动血脉,强壮身心。盖身心强壮,则精神分布于全身而不聚于一二部。消极之法宜作一好习惯,习于善免为恶,庶于引诱之来,自可防患于无形矣。此外有上海青年会出版之《完璞巵言》《葆真法语》二书,均为青年不可缺少之生理知识。一为自七八岁至十二三岁宜读者,一为自十二三岁至至十八岁宜读者。诸生均宜购阅。(按上海医学书局丁福保编辑之《少年进德录》中有"窒欲"一章可以参看,该书商务印书馆代售。)现时校中身体不健学生,不外三因,或由于饮食无节;或原于读书过劳;其第三因,即此题也。校风恶劣之学校,往往忽于此题,而学生则信口妄谈,不知其污辱此圣洁之身、之口。本校有鉴于斯,故总规则之第一条即为:"凡本校诸生有谈淫亵等语者,轻则记过,重则除名。"

诸生当三复斯言，不可稍忽，并望年长之学生尽力辅助新同学。而新入校各生，亦宜详询旧同学若者为恶，若者为善，法期善以去其不善。夫人生为万物之灵。此心此脑，将以经纬天地，规划乾坤，其用途大，其责任广，奈何而任其律综于淫恶邪荡之中？致此圣洁之身心，为邪恶之巢穴，斯可痛恨太息者也。诸生其三复斯言。

       据《校风》第55期（1917年2月21日）

# 悼念张诗岑先生[1]

（1917年2月17日）

今日全校为诗岑先生开会追悼，缅想遗言懿行不可胜数，决非数时之匆促，所得述其梗概，仅择其要者为诸君言之。诸君之悼诗岑先生，当于痛其个人，哀其家属以外，宜有一正义在。吾与先生同舟七载，不敢以谀词誉先生。然吾固知先生处世决非无宗旨可言者，且今日归依帝座，效果已收。先生幼慧，好学不倦，自掌教本校以来，在各班中殷殷训诲，咸与人以满意而去。因是新学书院、北洋医学相继请先生教授，声誉隆然。先生之处家乡也，以敬爱乡党，和乐家庭称。校中各会各报以及个人丐先生讲学书字者，日不暇接，先生决无难色。总之，先生遇事热心，当于感情，与人无忤。去岁专三学生李建屏君游去，先生往哭之恸。校中因兑现停止，经济困难，先生首以免薪尽职请。平素遇有国文教员不敷教授时，先生必慨然代授。此又先生处人处事富于感情者也。先生居乡，曾鼎力提倡小学，奖励后进。间尝闻先生语余曰："吾力有余即须襄助他人。"至友热诚，言犹

---

[1] 张诗岑是南开学校的国文教员，于1917年1月病故。本文是张伯苓在张诗岑追悼会上的讲话。

在耳。吾盼诸君，当法诗岑先生坚定宗旨，方不致日后无效果可言。再先生遗子女各一，公子年十五，女公子年八岁。而先生夫人今日且遣其公子来表谢忱，百里奔波（先生家静海）。吾等视先生有后，哀悼之心，亦不可少矣！

　　　　　　　　　　据《校风》第55期（1917年2月21日）

# 旧中国之新希望与旧南开之新责任[①]
（1917年4月11日）

春假内余曾赴京，所受感动，当于今日，为诸生言之。校内于春假亦曾组织旅行团，与行者受益自必不少。旅行最要之点，即为得一新经历。因吾人每日起居动息皆有例可循，常而不变，必寡精神。至旅行则可引起兴味，再作何事，自能得良善结果。余之至京，其原因之最要者，意赴美后，要余演说者，必有其人，虽欲拒绝，恐亦难免。演说时如谈世界大局，自觉恐才有不逮；如谈专门科学，恐识有未足；即言身所历，目所经之教育，又觉寡趣无已。其一，言中国之与东亚诸问题乎？此为关系美日中三国者。关系中日固矣，何以谓为关于美乎？盖与美所界，只一太平洋间，故亦有关系。此种问题美日皆有著作论说，而中人则阙然久未及此，且常有外国友人对余提及。故虽觉不足，亦以尽厥责任为目的。曾思中人对于此种问题，较他人知之应为更稔，而况余侪教育中人乎！此所以必不得已于言也。然徒恃一己之眼光，而不知他人之论调，又乌呼可！故必参考美日之议论，

---

[①] 本文为"修身班校长演说记略"，由襄记录。

然后言时较为圆满而有把握。余至京以此意告之西友密司忒葛雷。葛君言政府顾问英人莫理逊君处，藏书甚富，且多关于中国之与东亚诸问题。莫君曾为伦敦《泰晤士报》主笔，前八年以顺直禁烟事余曾见之。今得葛君介绍，往访其人，得伊欢迎。且定于某日上午十钟涉猎其所藏书，至时赴约往视。其屋之小大，不下本校礼堂。书架满屋，琳琅满架。较之处则充栋宇，出则汗马牛，殆有过之。内分书籍杂志等，其书各国文字皆备，内约百分之九十余为英文，以著作者既多英美国人，而他国人亦间有用英文者故也。其余为法文、为德文、为拉丁文、为瑞典文。法文所载，率为云南、广西二省之土地风俗人情、矿产等。德文所载率皆关于山东之情形。拉丁文则为罗马教士初至中国所记载。瑞典文则寥若晨星，不多觏矣。一时不能遍观。伊为我介绍数册，后又视其法文所书之关于云广者，其中绘图之精，中国书籍中殆未之见。以其地与安南毗连，故彼觊觎最力。德文中则有五厚册关于山东者。莫君对余曰："若辈之经营亦不为不力矣。"真慨乎其言之。余闻听之余不寒而慄，方知他人较中人之知中国之多，有过之无不及也。嗣后与之略谈中国大局。其批评中国政治缺憾甚当，且曰：满室之书无一语敢谓中人不足有为者。彼对于中国将来希望甚大。余要之演说，伊言演说非其所长。及十一钟余，余兴辞去。是日晚，葛君请一英国大学历史教育（授）某君（**其名为记者所忘**）共餐，余在座，食时，某君言及中国人与他国人皆谓中国古国也，地利率皆用尽，是诚大谬。中国宝藏甚富，蕴而未开，可享之数世而有余也。斯言也，在常人言之亦无价值，而某君者则曾在中国各地演说，其言皆从调查学问经历得来。言必有中，铁案不移也。后余在清华学校居住数日，潜玩莫君为余所介绍之书。阅毕，与前此对于中国之眼光不尽有所改变，方知吾人欲知中国情形，必观外人书籍。斯言乍听似偏，然吾中人之对中国，语焉而不精，知焉而不详，非按科学方法所研究既不能一致，故亦不能谓之真知。彼则以社会、经济、博物、政治、宗教等学理分类揭出，故有规则，有条理，较之中人所述似为较胜。昔苏格拉底有言曰：know themselves。中人之病，即患在不自知。诸生知夫睡狮乎？其齿非不利也，爪非不尖也，力非不猛也，徒以睡故而失去知觉，麋鹿欺之。故欲有为，必先恢复知觉；而恢复知觉即在awakening"醒"之一字也。此字也昔曾言之而不知之，今则能谓真知矣。盖此字非阅历、思想不能知也。余今日之题为THE NEW HOPES OF OLD CHINA AND THE NEW RESPONSIBILITLES OF OLD NAN-KAI SCHOOL（旧中国之新希望与旧南开之新责任）。夫世界各国各尽厥责，如德倡潜艇政策而美抗之，尽其责也。而中国如何？睡狮知觉之无有，中国何责之能尽？虽然，中国人岂真不能尽责而有为耶？则固知莫理逊之言，无人敢谓中人不足有为者，与某君之谓，中国地利可数世享之而无穷，不我欺也。推原其故，睡狮所短者，精神也；而中国所短者，亦精神也。精神何以短？以性好保守也。譬之以奕，能取能弃，欲取姑与，方能致胜。耶稣基督曰：如求生命必先弃生命。譬之种粮，必先撒种于地，待之半年，方能刈获。若数事者，岂保守之人所能为哉！此中人之所短者也。何谓旧中国新希望？中国所少者，岂官吏乎？岂一班人民乎？亦皆非也。所短者，即为为五十年或百年后造福利之人。何谓旧南开新责任？即为余与诸生从兹立志唤醒一己,唤醒国人,醒后负责任为世界发明新理论,新学说,使世界得平安,为人类造幸福。此为余春假中所得者,亦为所望于诸生者,而又赴美后所欲以之演说者也。

据《校风》第61期(1917年4月18日)

# 南开学校满千人感言

（1917年4月18日）

斯时可为我校之小节束。如人然，体格长至七尺有余时，则应求体内之发达，四肢如何使之强，脑筋如何使之富，不至身广体胖，而成麻木不仁之人。故我校今日之最宜注意者，则为精益求精，实益求实而已矣！

请实行下列三语：德育之注意，智育之提高，体育之发达……

则我南开学校希望中，或可飞扬于世界舞台上，而我可敬可爱之南开，将与中国以不朽。

据《校风》第61期（1917年4月18日）

# 改造中国须去旧材料用新方法[1]

（1917年4月18日）

今日所言，继上次未竟之意。于未说之前，先取余近读二书示诸生。一为英人Lwd William所著。彼来中国时，未临我校，曾遣其秘书与余接洽。彼提倡爱清华学校例，退还中国赔款，设立大学于汉口，后被国会否决。回国遂著Changing China，即此书也。一为美人洛司所著。此君为美国社会心理学家，研究社会一般人之心理，依治水法治之，盖水之为物，治之得当则有益，否则为灾害。治水然，治人何独不然？遂著此Changing Chinese及Soial Control。以上二书所云，均谓中国形势虽变，而实未尝变也。其原因则在"复古"与"保守"。自西力东渐，外界压迫之始变，此语为大隈所言。且压力之来，其变与否，论者之调亦异。盖时进派则以为未变；而守旧者观之，则以为变之已多。而变之为善、为恶，若以吾人之傲心观之，则可云向善。数千年之闭关自守无何所事，而谓彼欧洲文明之进化，则酿成今日之大战争。果何所益？以我保守之习气，数千年只出一班定远，实于

---

[1] 本文为"修身班训话"，由常策欧记录。

今世不符；彼欧洲之大战，实已将本国难题解决。而反观吾国，则为农者，只求足食；为士者，则步方眉扬，庞然自大，一入政界，匪不自私自利；至嗷嗷贫民，遂亦流为盗贼。此等闭守之法，乌能与世界潮流相抵抗哉！彼大战之结果，乃国与国相争。不观夫非洲乎，其荒野为何如？而欧人不辞劳悴，深入而开通之，虽欲自守，势有不能。今吾国若图改变，将自何始乎？从政界乎？则观今之政客、伟人可知矣！然则变之根本解决安在乎？曰："必去其不平而进于平。由一人之幸福变为多数人之幸福而已。"余尝对友人云，中国现处蝌蚪时代，未尝停息，既变矣，则须随其潮流以前进，而余国人其不然也。如现教育界其前进者，以为自己有老资格，不与后进以机会，而又不肯议变，或变一半而复已。故吾谓改造中国须去旧材料用新方法，其希望即今之学生是也。学生有改造中国之机会，故数年后诸生出校，从事于社会，应知社会之情形。现在教育所要造者为新人种。所谓"作新民"有二种：一被动，因外界之感动，一则因己身衣食问题，当其初未尝不变，而稍变辄止。故社会学务，只于清末时稍有进步，数十年来相沿不改，故现今之变，须自己身改变。虽其初亦由外界而起，然苟内部与之相应，则自发动起而不停矣！但此等人求之于现在中国，实寥寥若晨星。前十年丁君义华倡禁烟会。我国人亦有继起者，然逾年即止步矣！甲午败后，国中人未尝不动励精图治，逾数年又止步矣！庚子乱后，又改革数年，未几又止步矣！如前数年直省长官，谓永定河宜修浚，询其为何？则曰：京津路多外人出行，此次收回德界新置之巡警，精神非常，其故伊何，则因多外人观听也。此等事专为应酬外人而动，其故可深长思矣！

诸生当此改革时代，正值醒狮之时，幸也何如？且我南开学生，有知之机会，有作之机会，有听之机会，故应练习自动，勿只信教员，勿尽依学长。其造就之人才，须世界变化之能力，乃为真正之教育。

上次所说，为外人评论中国有机会。此次则云中国当改革之际，睡狮方醒。诸生须作自动的，不作被动的，乃中国真正之砥柱也，有厚望焉！

据《校风》第63期（1917年5月2日）

# 第三届远东运动会归来演说[1]

（1917年6月7日）

前之东征[2]，于此时有欲与诸生言者；将来西渡，于此时亦有欲与诸生言者。前数日余本赴京，兹特为此聚会而返。余今日所欲言者，为此次东行所感之事。此行首至沪，由沪至杭，由杭返沪，而至东京，离东京赴韩国仁川而归。此次运动，我国失败非不幸也，有败之道也。彼以其全国全副精神而为之，而我则不过寥寥数校而已。即以北部学校言之，今日之运动员，其父兄率皆昔日文弱士，自其祖若父即不强健，而于幼时又未尝练习，将何所恃而不败乎？而日本则反此，既全国皆练习，故选择乃愈精；再则，其预备之力，闻彼国于举行运动大会以前，曾开运动会数次，以备练习；三则，以其国各事皆发达，故对于体育一项，进步亦易。昔余尝曰，此事失败，吾辈认咎，虽有前列数因，要皆以有未作到处致此耳。至京时，曾晤教育次长袁先生、王正廷、伍朝枢诸先生，言及此事。或谓为泗水人少之故，然即多亦恐不易致胜也。

---

[1] 本文为"修身班校长演说记略"，由裹记录。
[2] 指张伯苓于1917年5月赴日本东京参加第三届远东运动会。

忆此次在日，曾晤嘉纳氏，教育家亦为柔道之创始人也。余语之曰："汝如能招待中国留日学生，时时令人可与日人接近则妙甚。缘中国学生之留日者，可分二派：一派终日孜孜，只知读书，而不知学其作事之精神；一派则为其下流所诱，镇日荒嬉，皆非所宜也。"实言之，日人之兴，黄人之荣也。有日本起，则东亚尚可保全。不然，白人势力遍于全球矣。昔有日人于酣醉之时，痛诋中人进步之慢，而为彼之累，思之思之，吾中人对此，当何如耶？昔伍廉德博士谓日货不佳，而今则谓其货物可用矣。十数年前，其造船厂皆不能造之铁轴，必须由法购买，而今则能造矣。呜呼！观其全国事事物物，皆有一日千里之像；我国对之，宜生愧也。

兹以三国比较观之，即可得我之病源何在。菲律宾者，小西洋也。三百年前，尚无文字，西班牙至其地，彼得其文明。十八年前，美得其地于西班牙，以其新法，行于该地，而文化大进。日本之文明，则由中国借来。当其欢迎运动员时，有弹中国音乐者，而彼乃不知为得自中国。音乐如此，文字如此，他事尚多如此者也。而彼又兼采泰西之长，故至今日而文明如是也。至若中国之文明，则与他国绝不相侔，纯为自己所造。若菲律宾者，譬裸身，野人也。而他人之衣彼即着之，故亦锦烂可观矣。日人则他人有衣，而彼借之，故亦华丽可睹也。中人则自己之衣，而不合时，且不合体，言之可慨也！欲挽而救之，尚有术乎？曰非变不可也。故今日欲救中国，即在为中国换衣，如弃之可惜，留着不宜，顾忌徘徊，则靡有收效之时矣。再日人虽学西人，而各事皆由自办，西人谓其为爱国心太大。而余谓不然。昔中人不准西人通商，不可而租界生，其意以为尔为尔，我为我，固不相扰，即他人法之善者，亦不肯学。日人则不然，彼见他人之善者起而学之，而由己独辨。故中人欲维持权利，而进步文明，只各事由己经营足矣。以运动会而论，其评判员皆为日人；而中人则否，一方面则为大度包容，一方面则为依赖成性，将来对于运动，亦拟如此为之也。

夫日以小国而败中俄，中以大国而为日败，何也？以其事前不知筹划，不知思想也。而此性何以养成？有谓因教育者矣；有谓因习惯者矣。仲述先生告余以将改之事，余甚赞成。盖教育如只知读书，有何用乎？昔余十四年前至日时，其地多为铁道、马车。今再视之，则电车轨迹，棋布星罗矣。而吾国十数年，为何如？虽亦稍有进步，而迟以其进并未入于正轨也。中国之文明，如文字固佳，而不谐声；音乐虽佳，而不谐和；图画虽佳，而不注意全局之构造；医药虽有，而非由科学所考察。有而不进，尚不如无。日本、菲律宾是也，顾仍有一线曙光。余曾与王君正廷见轧道机，因悟彼行虽慢而力大，电车虽速，而无彼以修路，则不能行。故今日中国进行虽慢，如轧道机然。数十年后，路平无阻，进步之速不难如电车也。有人问余曰："今天津新政府成立矣，君之意也何如？"余曰："结果无论如何，而余决不失望。盖余之希望不在现在，而在将来；现在希望之无有，何为而失望哉！而余之希望端在青年。今中国留学生归国而后，多有见中国时局而失望者。余甚否之。盖时局若佳，又何所用于彼辈哉！故非从自己作起不为功。"余之归途在仁川与运动员分手。余曾演说三次：一为与韩人演说，一为与英美传教士演说，一为与中国基督教徒之一小团体演说。与韩人演说，大意谓如精神不亡，国亡不足畏；与中人演说，则谓宗教应自作；与英美传教士演说，则谓日本者，造文明之试验室也，试之合宜然后输行于大陆之上。现在人之抱悲观者，其病在收效欲速。然余之希望，则在十百年后。盖凡欲速者，所结之果必不佳；收效迟者，所结之果必大而硕也。

据《校风》第69期（1917年6月15日）

## 留日南开同学欢迎会演说[①]

（1917年8月18日）

今日在此，先代表赴美同人，敬谢诸君厚意，并愿与诸君介绍张君伟如。张君亦南开旧日学生也。座中石女士虽与南开无关，亦名誉佳客也。今春赴东亚运动会与诸君相晤时，即有今日欢聚之约，兹果成为事实矣。当未起程之前，恒静坐默思，如何起程？如何赴日？如何在东京聚会？种种景象历历如在目前，抵东之期愈近，则此种景象愈觉真切。舟抵神户，发电告诸君时，即想见觏面时之乐。及至横滨，晤南开同学会代表，愉快莫名，及与诸君把晤，则更乐矣。夫余前此种种预想，次第现于事实，与前此所预想者，曾无少异，可见世事皆由渐进。人生生活亦然。抱一种希望，次第进行于精神界中，扩充势力，此种生命方觉有趣耳。余心常受感动者有两事：一则为国为公常觉快乐，为名为私每多失望。何也？盖为公众作事尽责而行。责任已尽，虽有失败，而扪心自问毫无愧恶。俯仰自得天下之乐，莫过是矣！至若为己身私利孳孳而谋，谋而不成，未有不失望者。余贫

---

① 本文为张伯苓赴美途经东京时，在汉阳楼的演说词，由留日南开同学会记录。

而无资,然余甚乐。盖诸君皆余之产业也,有如许产业,安往而不乐哉! 南开学生尚未入社会作事,已有团结势力,悬理想以测将来,结果若何?亦从可知矣?夫今日之会,预定于数月以前,不转瞬而实现;居今而预想,吾等将来之前途,亦将不转瞬而次第实现。苟有其志,事未有不能成者。南开学生到处有团结力。曾闻黄钰生言,南开学生在清华学校,亦有团体。此种精神急宜利用,盖今日社会引诱太多,能辅助、能勉励吾等者小团体之力甚大,苟不利用之,真失机会也。将来在社会作事非有团结力不可,否则必不能成功。此即团体之效力也。吾人之计划岂非使中国富强,与欧美并驾齐驱乎!夫前此希望今日之会其事小,数月而成;使中国富强其事大,其成功在数十年致百年之后,亦未可知。余虽身死不及见亦与目睹无异,但愿吾人协力前进,不畏险阻。此则须赖团结力矣!我国在世界上果占何等地位,不可不知。昔时世界各国尚不知我国内容,后渐以虚弱之名暴露于世。于是瓜分与利益均沾之说,相继而来。自日本勃兴东亚,我国边壤多遭觊觎。欧战发生乃一变于政策,倡东亚门罗主义,于商业财政,皆切实预备,将来西人势力恐不能与争。今者中国政变,国内大乱,日本持不干涉态度,恐伤两国感情,难为将来扩充势力地也。就中与日本势力稍有抵触者为美国。近年来日美感情,不甚融洽。美惧日本垄断于中国,于其太平洋之发展有碍。故近日日美交相商榷,协助中国。苟中国长此以往,不能自治,两国将越樽俎代庖,一如美国之对墨西哥。中国而果至此地位乎?余非所忍言矣!他勿具论。即如财政一项不思整顿,外人之干涉亦岂能免。至此地步则全国之自由失矣!诸如此类,皆我等将来所必遇之问题。今日须志之,以为将来之计划。今日国事纠纷连年变乱,国人多心灰望绝。若国之危亡即在旦夕者,夫中国而果至于亡耶?吾安忍言。然不幸而中国果即于亡,吾人犹当谋所以复兴之,决非一亡,即安然无事,以听他人之宰割也。亦不能谓国亡即不能作事也。吾人计划无论国之存亡,皆宜进行。虽然国亡而欲作事,其事太难,其遇太苦,非余所忍思也。此次东来,路遇一印度学生,欲赴美研究神学者,有两汽船公司(赴美之汽船公司凡三),以其为印度人靳票不售;其一公司虽售而倍昂其值,置之下等舱中。此余目睹之事也。亡国之人跬步为艰。吾辈虽欲亡国其奈代价之重,非吾等所能任受乎?夫国而不治,在理宜亡;国而能治,其势必兴。此事实之无可逃避者也。以我国之现状,是否有招外人干涉之道,平心思之,未有不悚然惧者。今事已至此,惟立定志向思所以挽回之耳。余尝曰:诸事可变,南开精神不可变,一致为公,始终不渝。常策欧尝问余曰:将来入社会作事,对于失望,有何补救?余应之曰:尽力而行,多为公,不为私,无所谓失望也。余固尝言,为己而谋,每多失望。凡作一事,第问其为己为人耳?苟其为人不,何必容心于成败之间哉!余敢断言,将来作事能以南开精神成功者,即"为公"二字。为人须志其大,何患于冻馁。余见夫今日之青年多学今日外人之谋利,而不学昔日外人之牺牲。愿吾人皆学昔时有建设国家能力之外国人。如此而国家能亡者未之有也。余年渐长,见事较为清晰。君等少年英发,即为建筑新中国之人物,不见西乡隆盛之铜像乎?亦当年英挺少年建设国家之人物也!余望将来之成功,亦如数月前预定此会,抱定伟大志向,本理想以求实行,并望精神固结，时时警醒馨香祝之。此次我等赴美必组织南开同学会，以期联络焉。

据《校风》第74期（1917年10月15日）

# 中国教育之两大需要[①]

（1918年3月20日）

自应时势变迁之需求，而后进步之说兴。余深信中国已向正当方向进步。尔者西方诸友，常警告吾侪曰，中国虽采用新法，亦不可尽弃固有之美德。盖彼以吾人修身制度，为中国古代文明之所结果，实不可以进步之利益，遽尔牺牲。然吾人亦必须改变，因世界为日日改变者，同时欲维持国之独立，亦必须经营置备，以防外侵。中外交通以来，吾侪以不识西人更有管驭物质世界之妙策，故以此而失败者，指不胜数。今则深明非于实际上改良教育方针，实难并驾列强，立国于世。

西方教育之来华，实在吾人明其需要之先，天主教Jesuits来华时，远在清初，曾以天文之学，传布我境，且助吾侪建立天文台，于是清朝每年颁行皇历，行之二百余年。循是以往，化学、物理诸学科，亦渐渐输入。四十年前，变法议兴，政府创办学校于北京、福州，以训练海陆军外交人才为志。然斯时之旧经学，仍到处通行，科举亦厉行不废，窃名是时为新旧制度

---

[①] 本文是张伯苓在美国哥伦比亚大学师范学院进修时的演说。演说用英文，由段茂澜记录并中译。

并行之时期。至一九〇〇年后，旧日制度完全取消，学校乃遍设于全国矣。

中国教育之两大需要：一为发达学生之自创心，一为强学生之遵从纪律心。前者因中国数千年来，社会上以家族为本位，权枢系乎家长，家人以服从为先务，故中人捐弃其自创心，是习深入人心，由来已久。至第二需求，因皇帝时代，人民完纳租税后，即为良民，他无所求，纳税已毕，便可任意逍遥，纪律因之而弛，而中人渐习惰逸矣。中国教育今之最大问题，即为解决如何可以此两种似相抗触之性质，灌入此未来之时代中。

余上次环游世界，考察中国需要最宜之教育制度，结果获得两种需要者：一则英法美之制度，一则日德之制度。前者专为计划各人之发达，后者性近专制，为造成领袖及训练服从者之用（是即服从纪律）。敝校南开，多半以是二者为圭臬。

余深信今日中国最要者为联合，欲联合则必须有一公共之绳索以束缚之。是绳索不能以种族为之，以中国种族复杂；不能以宗教为之，以中国宗教繁多；亦不能以社会为之，以中国社会上利益与责任多所分歧。窃意较合宜之束缚物，即为爱国心，是即为中国若干年成立要素之虔敬孝心。所可以自然变成者，古时一切道德，皆归宿于孝字。故曰战陈无勇，非孝也。近日吾侪必须广家族主义，而至于国，则此虔敬孝心，即可成为国之忠心矣。而有此爱国心，吾国之人，无论南北东西，亦即可谓有一公共之绳索束之矣。吾校即教授以联合国民之能力，更进者欲使中国青年不仅为中国之良民，且为世界之健全分子。以今日之国界甚狭，吾等应思教育青年，当以万国大同为志也。

余信中国新教育最要之目的,即为训练青年人以社会服务心。先是社会上以家庭为单位,故个人服役之动作,恒不出家庭之范围。今者是种情形已过,余等应教青年人,不仅服役其家庭或与其相关系者,且应服役其国。故余常鼓励学生多为社会服务,例如吾校学生,曾为贫寒儿童设两义塾,并曾调查社会上情形,以告本地行政者,近则水灾赈济,彼等亦多所臂助。

总言之,余意解决中国之问题,为教育。且余信中国教育之发达,实已向正当之方向进步矣。

据1918年3月20日"*The Peking Leeder*"(北京英文导报)译,载《南开思潮》第2期(1918年6月)

# 访美感想[1]

（1919年1月25日）

在美读书幸得与范、严二先生尝相讨论，下班后即将堂上所学之功课同二先生研究。夏天得以至各处参观，并常见新闻记者及至各处演说。又曾至英属加拿大二次，以详察其大学、中学，理学校中行政，是否与社会上结果相同。嗣因有流行病阻碍，未能尽至所预定各处。

这一次到美国，看见他们物质上跟以前不同的，如长桥加多，建筑加高等等，亦颇不少。而其人民精神上之表现，于其对于战事上之行动，观之颇足感人。如其兵操之自由，公债逾所募之额，省面俭肉，定期禁火等事。在事前予等不知其须加若干巡警，以维持此种秩序。而一观其舆论，察其行动，则殊非始料所及。青年会及善团联合会捐款均逾额。向者以美人只知爱钱，今见其所给之数，为前此历史所无。

再看联军给美国的责任，是教他挡着德国往巴黎进攻的要道。彼时美国每天都有图报，以告联军进攻的情形。大概都是美

---

[1] 本文是张伯苓在河北省教育厅于河北高工礼堂召集的演讲会上向各校教职员发表的演讲，由幸蒙记录。

国先攻，法国随进，英国自然亦就进攻。在德国要求之时，德之势力并非全灭，德兵尚在法境，而其完全降服决计停战者，即自觉前此错看美国。而今事出意料之外，绝无恋战希望矣。在德人起初想美人性不好战，无所可虑，即彼愿战亦无预备，更不能远至欧洲，尤非德国敌手。此种观察，原非无因。美人诚然不好打仗，亦诚然没预备。但一经明白便愿打仗，一经知道即已预备。人一转，都为打仗的人，事一转，都成打仗的事，那等的专精注意，真是全国一致。美国此次送兵到欧洲，差不多有二百万人，其兵船为德潜艇所打沉的殊不多见，那就是因为他的口岸多，他的变化快（这些事都与教育有关系）。比起来德国是整齐，美国是散漫。然而美能胜德，其中不无原因。德人为机械的，其脑筋为兵官，其灵魂为国、为大皇帝、为国魂。美人则一人算一个，如不打即不打，打则手脚打，脑筋亦打，灵魂亦打。这个分别，一个是机械的，一个是全体的。德国人是有头有户，美国人则纯然是民主的精神，个个人都为头，组织起来则整然有序，散之则各自为主。德人操练的好，而变之甚难。美人起首组织不如德国整齐，而逾长愈好，以其人好变，须知现在打仗，国内国外均须时时更变。

此外还有一项，就是世界的趋向。当年多半是少数管多数，而今民主精神日见增长，所以联军得胜。

此次战争打败了的固不待言，即非打败了的，间接受其影响的，亦有几国，如日本、英国。日本先仿中国，后仿美，后仿荷兰、法、英等国，又后则纯粹仿德，迫今已随德国跑了若干年。现在他们的老师已经倒了，他那举国识者不免有所忧虑。

予由美返国过日时，有他本国人新都护氏，大学教授唱本主民义，大家正在那儿同他辩论。若说英国在他本国民主的精神，本来很好，而这一次牺牲了不少，以后对于财政殖民地方法，还需有所更变。受好影响最大的就是美国。他们的来历，本来就极清洁。他们就是英国的清教徒迁移到美洲的。其精神上最好之点，为自由，信仰，而且无旧套。天产富，四邻都好，两面近大洋。他们自己常说，借着华盛顿建筑美国，林肯巩固美国，威尔逊找着美国在世界上的地位。他们最大的发达，就是财力。如今恐怕合世界的财力亦不敌美国。记得有天同范先生谈话说，看看美国建国百余年，他们乡村的路，便可行 Automobile。吾们立国四千年，反到无路走。他们岂是从欧洲带来的么？不是。是他们能各尽其力，分开极力发达自己，而同时又对于社会上负责任。今且合力建设，将来定有可观。当初有远见的人，便说将来美德必有战争。因为他两国的主义相去太远。今彼美人果因其主义牺牲财产生命，嗣是其国势必益昌盛。因为他们的主义高尚，又正合于世界的趋向。其次受益者，为比、为法、为瑞士、为荷兰，再其次为中国。中国数千年来，迷迷糊糊可以说是未醒，而今一醒正当其时。英文字可以说中国人一睁眼，正在 Right track 上。而日本挣扎数十年，而一睁眼正背道而驰，可算真冤。吾国人可算真便宜，然而如此便宜即听之乎？抑当急起直追，以图挽救？挽救之方何在？即在教育，故愿同诸君一商教育问题。先时吾国教育目的，为尊君、尊孔、尚公、尚武、尚实，而今又当如何增减？予在途中同严、范二位先生谈，何为教育宗旨？当本其国情而定之。论中国古时教育，在三代以上甚好。予尝对美国同学及先生讨论学科目，一切均以切于现在生活为准。予告彼等，中国上古教育之完美。并举一例，即当日孔子所用的学科目：诗、书、礼、乐、射、御、书、数，即达情之歌、纪事之史、礼节、乐谱、射击、驾御、作事、计算。在当日两千余年前，可以算很完全了。到后来就是因为君主专制，所以愈闹愈糟。列国时诸子思想奇特，颇有所现。因之后来君主愈发设法限制，甚至杀害。君主这种组织，在世界上实在是很奇怪。大臣以孔子之道劝君使之爱民；君主以孔子之道教民，而使之不反。先时文人尚可随便说话，入后则君主制人方法日益进化，则限制人之思想乃愈严，直至清时八股可谓极矣。幸工商尚未受骗，所以尚能支持。至于今日，吾国历史上亦有革命，不过重翻旧篇，再作一遍而已。由唐改宋，以至元明清都是照样文章的太祖、太宗，天子登殿，群臣称贺，直至清末，国人为世界潮流所激荡，遂成辛亥革命。这次革命以来，改头换面，已经是旧篇历史上翻不得的了，所以捣了七八年的乱。由此以后，尚恐怕是不只七八年。外人问我将来中国怎么样，我简直不客气就说：不知道。又有人问我中华民国可以保得住么？我说二三十年以内，大概没人敢弑君主。袁世凯失败于前，张绍轩失败于后，就明明的是个证据。究竟中国仍然捣乱的是因为甚么？就是无组织，无人组织。近世发明之最大者，即归纳法，由万事万理以证明一理。先此多用演绎法，由一理演至万事万理。现在世界各国长进法，比之如生植物，非但畅遂其天然，使之茂盛，更加火生热，使所生长胜天然者百倍。而吾国则蹙其苗，害其穗，并天然者亦不畅遂，奈何？

予尝谓今后世界上有最大长进希望的国，除了美国，就是中国。国人不可不知，而吾民国在在都没到底，所以图救之道既须信民国，尤须信教育。

今后教育当：（一）尚实（勿虚）。（二）尚理想（勿妄）。（三）按科学法教之作事，即凡作一事，当先研究，后计划，然后执行，最后则批评之，以见短长。（四）当利用物质，利用科学。去岁大水物质害人，而人不能于事前制之。学科学当学其用法，如观察、试验、公式等，而其原理之价值甚有限。（五）当学组织。先时专制时代，"二人偶语弃市"，而如今人批评毫无实验，发不负责任的苛言，不知事理的难易，又是过当。（六）当学社会科学，即打破旧家族制度，而成国家。旧家族可以谓之一堆一块，分不清楚，不成民国，今当将此制度打散了，使成个人，然后再合起来使成社会，使成国家。

若按如此进行起来，个人的进化，团体的进化，必当蒸蒸日上；民国的盛治，可以说后会有期。要想造新民国，不可仿造，当想造，创造。中国当年即非仿造，更当看活了。凡事都要问问是如么？如是则将来中国强，即于世界有关。因将来世界要缩小，中国要涨大。

据《校风》第116期（1919年3月11日）

# 以社会之进步为教育之目的[1]

（1919年2月12日）

开学之始，曾以活、动、长、进四字相勉。而今合起来论此四字，不过单就个人的长进而言。

夫教育目的，不能仅在个人。当日多在造成个人为圣为贤，而今教育之最要目的，在谋全社会的进步。

诸生当听过进化诸说。下等动物长为高等动物，高等动物进而为人。人再长，又分为二项：一为心理的长进Psychologieally，一为社会的或合群的长进Sociologically。

人同人组合起来，其效用能力之大，自非一人可比。现在世界何国最强？其原因何在？一至其国，便可了然。其最大的原因，就是比我们齐，亦如一家哥们兄弟均不相下。若一家只仗一人，则相差太多。社会国家同是一理。所以，近来教育家不仅注重个人长进，并注重社会的长进。Social end不仅在心理的长进，而在多数人的齐进。因为社会乃个人联合而成者，若社会不进，则居此间之个人，亦绝难长进。是以个人强，可以助社会长；社

---

[1] 本文是张伯苓在修身班上的演说志要，由幸蒙记录。

会长，亦可以助个人强。是二者当相提并论，不容偏重者。

现在西洋人对于教育青年，均使之有一种社会的自觉心Social consciousness，而吾国多数人尚未脱家族观念，遇公共事则淡然视之。

予前去北京，于车中见有以免票私相售受者，何其不知公共心一至于是耶？彼以铁路为公家者，但能自己得利，则虽损坏公共利益，亦无所顾及，而旁坐诸人，亦以此非自己之事，故不过问，亦不关心，若此情形，实为社会流毒Social Evils。细考京奉、津浦各路间，此类事殊不少见，似此流毒究竟责在谁人？吾以为虽有强政府，有能力之总统，严厉之法律，有组织之路局，亦不能铲除净尽也！惟有国民社会的自觉心可制此毒。舆论力攻，众目不容，以此对于公共事业之非理举动，即对吾等个个人之举动，有伤于吾个个之权利，则若斯流毒，无待总统法律，自然消灭于无形。国民社会自觉心，诚有不可及之效力。

在京见美国公使，谓国人近来能得钱者，发财后多退入租界，是诚可耻之事，而舆论亦不攻击，甚有争相仿效，以不及为可辱者，真是怪事。而予窃不以为怪，因其所以如是者无他，国民的社会自觉心，Social Consciousness未长起来耳。

今者时间有限，姑不多论。即就所以长进社会自觉心，而能谋全社会进步的方法上着想，则须于改换普通道德标准上有所商榷。

若不骂人、不偷、不怒、不谎、不得罪于人等事，先时多谓此为道德很高，然而此为消极的，于今不能谓此为道德。盖彼彼者，不过无疵而已，于社会虽有若无。今因于社会进步上着想，吾等当另定道德标准，谓"凡人能于社会公共事业，尽力愈大者，其道德愈高。否则，无道德可言。易言之，即凡于社会上有效劳之能力者，Social effecency则有道德。否则无道德"。若斯数语，包含无限道理。愿诸生用为量人量己之尺，相染成风，使渐渐社会上均用此尺度己，亦用此尺量人，则去所谓社会自觉心，社会进步者不远矣。

然而徒知此理，于社会毫无所用。先时教育多尚空谈，殊觉无用，若无实习，恐且有害。美国某教育博士曾谈笑话，谓有函授学堂教人泅泳，学者毕业后投身水中，实行泅泳，竟至溺死。此喻仅知理论而无实验之害，诚足惊人。诸生欲按此尺而为道德高尚之人，幸勿仅求理论，更当于己身所在之社会，实在有所效用。于此先小作练习，至大社会时，自然游刃有余。所谓己身所在之社会，对诸生言，如班、如会、如校、如各种组织均是。予此二次所言者，即教育着重个人的长进，更须着重社会的进步。

据《校风》第117期（1919年3月18日）

# 教育宗旨当本国情而定[①]

（1919年2月14日）

题旨：一中学之办法（活、动、长、进），二大学之筹备，三实业之提倡。每次开学，均有演说。而此次与往者略有不同。

（一）予告假一年半，今方接任。

（二）正计划将来的进行。

前中学成立，在予同严先生由日调查教育后。今先生又极力帮同筹款设立大学，亦正在予同先生由美研究教育来。今方欲用半年工夫，审慎筹备此事，此时可谓南开新纪元。

前二次办专科，无如今日之筹备，亦幸而未成。如果成立至今，亦须改变。以其有许多未妥处，而此次则较有把握。

今所欲言者分三项，其轻重繁简，各有不同。

（一）关于中学之作法十之七。

（二）关于大学之筹备十之二。

（三）关于实业之提倡十之一。

---

[①] 本文为张伯苓在南开学校第二学期始业式演说纪要，由幸蒙记录。

## 一、关于中学之作法

办学校须有宗旨，亦犹盖房者，心中须先有草图，用何器具，得何成效。

先时尊君尊孔等，后来全个仿日本，均非其道。现在欲求宗旨，须从反面着想，如同（一）须造哪类人，（二）当用何种方法。于此须知者：

（一）本国政体（须造哪类人）。

（二）人民情形（当用何方法）。

知乎此，然后再定教育宗旨，是以教育宗旨不可仿造，当本其国情而定。而所谓国情者，又太泛太General，令人不易捉摸。兹再例述几项易于捉摸者：

（一）世界文明国多活泼，吾人太死。

（二）世界文明国多进取，吾人好保守（按此当提倡自动）。

（三）吾人多知自己及家族，而思想眼光多不知社会之必要（按此当提倡使国人有社会的自觉心Social Consciousesness）。

（四）国人好作消极的言论行动（当提倡积极精神）。

以上所言，不过四项，已经比徒言国情音易于领悟。然此不过是目的而已，目的使之自动进取等等。但欲达此目的，须用何种方法，如使学生有机会，在学生中及团体中作事，即练习社会自觉心；又如使学生自谋其前途事业，即练习自动心。凡此愈说愈近，已经易于领悟多了。

凡此种种，予愿同诸位师生共同勉励，用南开作一个试验场，以长以进，就是民主的精神。

予末后告诉诸生，易懂易记的四个字，就是"活—动—长—进"。按此四字去行，自然可以得着生命、经验、方法等等。

## 二、关于大学之筹划

前此办过专科二次，好批评者，有谓为维持本校运动计而立专科；有谓为维持本校新剧计而立专科；又有谓为校长名誉计而立专科者；若此均不待辩论，识者自知。究竟办大学与不办大学比起来是难是易，于此亦可了然。予前给在美留学生将来本校大学教员凌冰去信，告诉他将来在这办大学，是一个很不易的事。这因为予由美来华之先，即曾同凌君谈到办一件新事的困难，而此次无论如何，必极力去作。意者或谓，南开中学已千余人，事业非不盛，主其事者，何乐不可休息休息！抑知此种思想已十分腐旧。教育的事业乃进的，又安有止境一说？先时教育为扬名声，显父母，而今日则迥乎异矣！教育为社会谋进步，为公共谋幸福；教育为终身事业Life work，予于此至死为止。所以必立大学的原因：

（一）现在教育在别一方面言，即使青年合于将来社会的习惯，加大学即将其习惯加长，使造成益形坚固之习惯。

（二）中学毕业后，直接在社会上作事不足，故需有大学的培养。

此外，仍有一个次要的原因，即国中国立的、教会立的大学，虽是不少，然而真正民立的大学却不多见。须知今日中国所以幸存者，多半是因为世界的舆论帮助。然而吾们亦当教世界知道，吾们国民能作点事，所以这亦是旁边的原因。

至于大学的筹备：（一）人才方面，有凌冰先生，并转在美约请数人。（二）财政方面，予此次至京，各界均有意帮忙，并见南开旧同学尤极高兴。严先生已预备至各处捐款。本月十五日，为此事在校内开一乐贤会。

### 三、关于实业之提倡

先欲劝大家省钱，合力去作买卖。凡本校师生所用的东西，均由本校师生自己去做，自己经营。这个意思就是想引着大家省钱，并注意实业。以前有思想的人，多半不想实业，而办实业的人，又多半无思想，这样如何不贫？是以以后想有工场、有售品处。大家合作，人人有份。

予今日所言者，无不许如何、不准如何等消极的报告，惟望大家一齐努力，共跻于成。

据《校风》第117期（1919年3月18日）

# 在南开乐贤会上对学生家长的演说[1]

（1919年2月15日）

今日开会，其宗旨：一方为欢迎校董，一方为得与学生家人联络，而其主要意思则在长进。

今日次序，上午为展览会，此刻为乐贤会，晚有新剧以助余兴。予今藉此得与诸位家长谈谈。今日到会者千余人，若一面谈殊难周到。诸位若有所见亦请随时指导，本校无任欢迎。

诸位已看过东楼上其第一室为校中历史，表明本校当日如何渐渐长成；第二为学生手工室，极简单，不过学了半年，成绩颇不足观；三为出版室；四为体育室；五为学生之组织及学校办事法；此外有讲室、饭厅、宿舍、会所、义塾等等。诸位如有未看完者，明日下午二点仍可来。

当诸位看本校历史时，即知本校发起在严先生家里，现在中学已成立十四年半。再往前说，则在二十一年前，即戊戌变政时彼时无所谓改良，严先生由贵州学政返津，倡议改科举。其时予即在先生家教其子侄六人英文、算术等，后又有王宅书房数人与此合并，遂于光绪三十年改为中学堂。堂中共有学生十三人，此即十四年以

---

[1] 本文为张伯苓在南开学校乐贤会上对学生家长的演说词，由幸蒙记录。

前事也。后集款建此，学生渐加，现在有一千多人。此校纯是私人对于教育热心办起来者，起手捐款为严、王、徐诸先生一后渐长，乃加入省款，亦因有官立学校学生归并为此故也。

敝校办理不周之处，在所难免。而敝校所最注意者，即教育方法，彼时学校初兴，办事多主严，致风潮迭起。此点本校所主张稍有不同，盖纯严则压制学生使不得长，而学生此时正在长进之期，岂可阻制。孩童当五六岁时多好跳跃奔走，如吓之不使动转，殊碍其生机，结果则一班人身体多不强健，或谓如任孩童随意奔跑，恐有损筋折骨之险，然而绝不当因此即使之不长，而当设法使之跳而不全损骨。盖如在此五六岁时，不顺其天然使之长，则成人以后虽欲不能矣！近闻有因家中孩童由小学放学甚早，嘈闹不堪，于小学功课以外下班后仍送之于塾师，以图省心者，殊不合于生养之方，仅图省事不顾幼孩之长进，遗害无穷。此关于教养幼童心理生理二方之极简道理。

中学时之学生，正在发展集合性及作事心之际，是以多好动。教育家当于此时因其势而力导之，为之作种种预备，若竟图省事，则此时少年丢去许多长进的机会。何以国人外交屡屡失败？无团结力，即少时无练习之故，至长成作事，于社会为软弱，见外人则摔倒。如今亡羊补牢，正当使青年顺性发达，以练达其作事心及团结力。凡无害之事，则放心使之自由发达；而于坏习惯则丝毫不容，如烟酒、嫖赌等事，犯者绝不宽假。至二十（岁）以后理解可以胜嗜欲，自然可以无虑矣！外人每评论吾国人无团结力，如散沙，好自争，是固然。其原故因吾辈年幼之时，即无此种练习，比长成至社会再去练习团结，抑亦晚矣！

向者，人多以到学校为念书。其实学校的意思不止于此。到学校当学生活之方，当学共同生活。如只念书而不会生活，则非徒无益，而且有害，是以当随时使之作事。起初亦有小争，以其幼时自私之念尚未消融，而渐渐则极有秩序。对于此点，予不能不感谢诸位（对学生家长言）。子弟之良善，予亦敢以此十四年之经验，证明吾国人可以往民国去作，更由此可以报告诸位，中国是有希望。

此外尚有关于学生之事数项，欲向诸位家长面谈：第一，即关于钱财。本校章程入校时均使之写账。此种习惯极需养成，即便钱多，亦当知节俭之道。诸位可按报告与学生算账，于此亦可助学校之不周。天津地方，如三不管为最不清洁，本校特派人在彼处巡查，凡有犯校章者立即革除，于此不能不严。至二十（岁）以后，好习惯已成，即无需监督自然亦不至错步。而家中人往往因子弟一星期在校用功，至星期日则纵之使消遣于恶劣之地，学校六日建筑之功，每因此一日遂至破坏，是以格外请诸位注意。又如娶亲一事。本校定章，不至二十一（岁）不得娶亲，违者革除。早婚于学问、进步、道德诸方面均是有损无益。其所以早婚的原因，大概多由于祖父母或父母欲多得一辈人。是固然。然而得一辈伤一辈，究竟何益？有时学生因早婚为本校察觉即行革除。家长来言亦无法通融；或谓定亲已久，至今不能不娶，固属至理，而鄙意亦深望诸位家长勿早为子弟定亲。就中仍有琐事甚多，恐不能一一向诸位面谈，如学生告假一项，本校亦事事从严。用电话不能告假，必须有相当理由及信。如随便使学生告假，即使之多一说谎机会，于将来极有影响。本校如查得其人作假，亦无大罚，申斥之而使之知所悔改。盖犯过之人未必均是坏人，大多由于习惯或由于软弱。有病，所以当可怜，而不当过斥；过斥亦往往无效，如得其病源而告之使改，其人更爱服，往往流涕誓改。是以教育当防其有过，而于已经有过者更勿记恨其过，当设法使之改悔。

此外，凡本校有不周之处，切请时时指示。前者有学生家长因学生所着大氅无处放置特来相告。同人颇感其言，即于东楼旁设法匀一通学生存物室。虽多用一人多占一屋，而为学生方便亦所不辞。然往往因经济的限制，不能事事满意，但能为者必尽力为之；若能得诸位经济上的辅助，尤极欢迎。

此次到美，愈觉现世为民主发达时代。而吾国所处与此主义正复相合。现在世界已将强权打消。当鄙人走时，东邻极强，诸多欺侮；而今世界帮助当无多虑。然永仗他人帮助，绝非其道。是以须自造民国，而教育事业益不可缓。现在大家商议藉着南开作一大学。或谓左近已有北京、北洋及教会所立大学，无需再多此一举。其实不然，教育无嫌其多者，但看学者多否，如学者多则可加多。美国学校各有各性质。本校性质纯为私立，在作成由人民所立之学校，现在筹款筹地，著著进行，事事多仗人民私力。即徐菊人先生虽为总统，终为本校旧校董，亦系一人民资格。

诸位均知南开为私立学校，有先生，有东家，当日由严先生一人当东家，已有如此进步。若诸位者今日均为东家，则前途益觉光大，所以敝校对于诸君有无限欢迎。

据《校风》第116期（1919年3月11日）

## 作事之方法[①]

（1919年2月19日）

日前我们开展览会及乐贤会，会前大家说要教他成功。洎今回想，诸位师生及来宾均极满意。我们本校的人藉此亦可看看本校的真象，知道自己的短长。予初由外边回来，更可藉此振作精神。若论此会的效果，除经济的社会的以外，对于我们个人作事的经验，实在长了不少。

上次吾说了两个题目。一个是教育对于个人的长进，一个是教育对于团体的进步。如今正在开会之后，回想这次作事的手续，颇可论论。个人可以由此得经验，团体可以因此有长进，故今日题目为作事之方法，盖此亦教育目的之一。

人必得作事，然后才有用。即无用之人，亦需作事，如同普通人人必行的吃饭、如厕，种种琐事，均需自己去作。所以既为生人，便须作事。不过作事的法好，则效力大；作事的法坏，则效力小。吾们比别的国人相差的点就在此。

譬如将作某项事，事前想想如何作法才好。这时候所念过的

---

[①] 本文是张伯苓在修身班上的演说纪要，由辛蒙记录。

书，所得过的经验，都要拿来放在心里，作为参考。到底是怎样作法才好，这就是作事的第一步；顶到想出各方面的情形来，然后再想从那儿去作，这就是第二层；然后第三层就是实地去作。作后反复思维，以见这个事的效果何如？便是第四层。是以作事当有四层手续，虽不必层层去分，或者并未想过这四层的道理，然而无形中这四层，总须有的。不然这事便不易有好效果。这四层：一研究，二计划，三执行，四评论。英文名词为1. Study 2. Plan 3. Execute 4. Judge。末后评论一层亦实在要紧，因为这就是专制与共和的分别。专制则只有遵命；共和则必按理去行，后复加以评论。此次所言为如何去作？下文当言如何去想。

据《校风》第118期（1919年3月25日）

## 本校教育政策①

（1919年3月5日）

上星期六晚，曾到校内校外，各处宿舍看看，若干的少年人从远方来，在这里求学。要是有年纪长的人，常常同他们谈谈，可以帮助他们长进，亦可使他们安慰快乐。可惜近来校中人太多，无法一一亲近。在当初二三百人时，予于全校学生，都能认识，并可略道其家中事。

该晚与学生谈时很乐。见他离家来此，颇有志气。以前所谓各省的学生，大半都是各省的人，寄居京津的。而近来从安徽、山东、山西、广东、江浙等省各处来的学生，多半是由本省一直投入本校。这些人都能舍家远游，必定有志气。家里肯供给到此来读书，必定有造就，所以愈看愈乐。我就问他们各处的学生，因为什么到这儿来？有好些人就说，他本省学校办的不好。这些人既然来到本校，志气极高，将来必有为领袖的机会。其中虽有一二人目的未定，然而有目的实居多数。其目的都是很可尊重的。

---

① 本文是张伯苓在南开学校修身班的演讲，由幸蒙记录。

诸生既到本校来，须知本校亦有本校目的。人类所以比他类强的，就是他能可以用方法，去达到他的目的。本校要师生合起来，去达到两项相联属的目的。这就是本校的精神，亦可说是本校教育政策。这两项就是"理解"跟"自由"。

所谓"理解"者，即一切事，不使学生专仗先生去推。当认清理解，自己去行。意在造出一班自动的人来。果能按理解去自动，即完全给以"自由"。近来自由几为社会的垢病。然而予不但不以为病且欲多讲育。怕者无理解的自由。若有理解，何故不给人自由呢？！

据《校风》第119期（1919年3月31日）

# 要打算进步必须改组[1]

（1920年1月31日）

改组的事情，我恐怕有些人误会，近来好像也没有了。在表面上看，似乎不必改组，若要打算Work进步，必须改组。有人说，恐怕太早，学生还没有到自治的程度，我却不然。所以前几天我拟出草案和宣言。周恩来大概都报告过了，不必再详细说了。咱这个学校是社会的，是大家的，不是我一人的。你们有意思尽管说，可是不必尽遂你们的意思，也不能尽走你们的路。青年人思想太乱，必大人引导之，教他们仔细思想，才不致妄信和盲从。

我病的时候，八代表找我谈话。我问他们，这种浮气应该有吗？他们答，以后管保没有盲从。可是什么事情总要想应当作便作，不当作还作么？他们所说的话，叫我很快乐。现在青年不是好问吗？就应该问干什么？为什么？结果在哪里？目的在哪里？大家要一同想想看，拿以前罢课来论，热心的人怎样？无论什么事情，要想这事情可作则作，全体一齐作；不对，绝不可作。最要紧平常要有预备，临时才不致盲从。东来东遂、西来西遂，不

---

[1] 本文为"修身班校长的谈话"。

是自觉、自治、自载、自由的人。

学生自治——现在有许多讲学生自治的文。《新教育》蒋梦麟、杜威、陶知行三先生的说法大概差不许多，都是说要思想，要负责任。但是学生自治，是很难一件事，若各个人有各人的意思那就散了。这就是德谟克拉西的毛病，所以解决现在的难题，惟有学生自觉。

可好现在一般倡文学革命的，如胡适、陈独秀都是提倡新的。这一年学生长的很快，我们也不得不谢谢他们。

明年的计划——下学期打算作的事情很多。现在通用白话文了，可是现在的杂志，把批评和白话化而为一，就不对了。白话文不独是写这一类的话，要翻译西洋的书。现在中国这样的新书实在很少，所以要紧要多翻译新书。明年利用博士——胡适、梅光迪——请他们讲演学术，咱们可以看看他两位的意思，也可以知道新思想是什么？新潮流是什么？

据《校风》第137期（1920年1月30日）

# 坚卓不拔　发展进取[①]

（1920年10月24日）

前几天我因为到南京去吊李秀督的丧，本校十六周年纪念日，我未能在校，所以今天召集全校师生聚在一起。一半是要和大家说几句话，一半也是要补祝我们学校的生日。我今天所谈的有两个题目：

（一）关于李秀山督军的事

李故督是一个尽力于我们学校的人。他在未弃世以前，很替学校帮忙。对于学校的事情很关心。前次我由上海返津，经过南京，先是知道他病着，特为下车，想去看看，并和他陈说陈说南开现在的情形。后来因为他的病太重，派李石忱先生代见。谈到为学校筹款的事，李督极不以为难。我又想托他写一信给南洋兄弟烟草公司——为筹款的事。从前该公司曾经答应捐助本校五万元，现在仅给了一万元，还想请他再捐上那已经答应的数。——谁知道我回津后，靡有几天功夫，来了一个惊人的电报说李督因病魔自戕。我得着信极无疑。

---

[①] 本文是"修身班纪事"，由褚保熙记。

## （二）关于学校方面

今年学校的经济，总算处处顺利。但是切不可松懈下来，仍应当用我们南开自幼那种坚卓不拔有毅力肯奋斗的精神，来发展来进取。我这次回来，听说学校里精神，不如从前。我以为诸位确是受了新潮的鼓荡，无所适从，不知道那是那非。此次诸位切不可仅仅持消极的批评，作那种无精打彩的样子。全要挺起身来，要具有奋斗的精神去作。诸位对于学校有不满意的地方，大家可以写在纸上，简单说明这件事的理由，学校可以改良的，没有不改良的。再说这次对于灾民的捐款，远不及人。我们处处要想人家的帮助，我们就应当处处去帮助人。我们学校有一千多人，照旁的沪江大学捐一千余元，比较起来，总算最低额了。以后得着机会，就量力的捐助。本星期六的新剧，诸位多多的代售才好。诸位对于灾民也尽点义务。

据《校风》第145期（1920年10月29日）

# 在南开学校全体教职员会上的开会词[1]

（1921年3月4日）

余在各地学校常与人谈中国教育，越办越糊涂。吾常言，读书可赚钱，只不可赚混账钱；读书可求个人之生活，要（更）求大众之生活。……如此作去，要自问是否与教育宗旨相合？是否与教育学生之目的相合？……试问学校之设施是否合乎国家之需要？对于学生之输入，是否合乎社会之需求？造就之人才，是否将来有转移风俗、刷新思潮、改良社会之能力？若曰不能，是自小视教育也。……若仅为个人增加知识技能而办教育，则教育神圣亦不足称矣。吾人……实具一改良社会之希望，因此次休课之暇，乃举行香山会议。……以慈幼院为开会之所，列席者有本校备课主任及各班学生代表数人，藉此以征求各班学生之意见。

此一段话，说香山会议成立之历史。在香山前后一个礼拜，所讨论者凡四十议案。精思细想，得有此一大结果。吾不得不感谢诸列席者，研究心之富，办事心之勇，为吾南开辟一新纪元，开一新道路，建一新偻台。

---

[1] 本文由陈文波记录。

此四十议案中，有讨论有结果者，有讨论尚须审查者，有讨论未有结果、待此半年继续讨论者。其中最要之点：

（一）校务公开。学校一切事，不是校长一人号令，应大家共同商量，所以要大家同负责任。有了此种力量，才能一致的奋斗，况教育目的，不是饭碗，安有高过此的意思？若要达到这种意思，非得全体一致的动作不可，所以校务要公开。

（二）责任分担。全校师生既是都负责任，必须认定自己的责，尽了自己的职务，才行。史梯芬有言："决无一时就好的事，非得除了自己病不可。"我们在教育界作事的，没有贪的机会，但觉势力犹小，要广造新青年才行。然而若造新青年去改良社会，决不是在书本上就行的，非得以身作则，用精神感动不可。

（三）师生合作。此项决非空说即行，我们此次到西山，有学生十几人。当时学生中有说学生同去，恐于说话不便。然既同往时，大家一齐讨论，一同饮食、居住，精神是非常之好。盖无形之中即能感动。此后即将此种精神推于全校师生。吾得有暇，以办筹款事务。至于师生校务研究等会，已有《香山会议报告书》，兹不赘书。

据《南开周刊》第1期（1921年4月1日），《南中周刊》22周年纪念号（1921年10月17日）

## 在南开学校舒城同乡会上的演说[①]

（1921年5月24日）

一般学校，最怕的是学生中把省界分得太严，因而生起冲突。可是我们学校，不但说自有学校以来，就极力提倡学生组织各省同乡会，并且到了现在我们还极力的在提倡组织各县同乡会。不过，我们学校的同乡会，不但没有因此生起省界的冲突，反而由这种小小的团体去介绍新同乡，帮助新同乡。由他们本会的动作，可以使全体会员变成优秀的分子。他们的力量可以超过本校的管理员。这种令人惊奇的成绩，我敢说是我们南开的特点，也可以说是南开的教育方法。

为什么我们要让一个学校分成这些小团体？不是说是教他"同乡相爱护，非同乡相排斥"，是因为我们学校太大了。团体越大，精神越易散漫，不易于谋团体中不同等的进行。假如我们要把他分成许多的小团体，他们的精神容易团聚，他们的责任也容易个个人分担；他们的进行既快，可是他们要想变动，也是极容易的。

---

① 本文为"校长对舒城同乡会演说纪略"，由兔农记录。

我们想想，为什么我们国家自改革以来，没有一点很好的进步让我们快乐？最大的原因，就是因为我们国家太大了。我们一省，就有欧洲一国的面积大。所以人数太多，精神散漫，并且人人都有推诿的余地，全不负责任，这是团体组织中一个最大的缺憾。现在我敢说："没有一个人——无论他有多大的才能，多大的权力——能够在最高的地位，动得了现在的中国。"要想使中国有进步，最好的方法就是把全国分成许多的小部分，各自去地方自治。这么样才能够有负责任的人，有做事的人。如果要能如此做去，我恐怕中国不出十年，他的进步必要大见。

所以，我要使你们组织这个小团体的原因，并不是使你们只在学校里，做一个好学生，也叫你到社会里做优秀的分子。不是徒让你个人做一个好国民，也要使你帮助旁人，都有社会分子的资格。要知道，教育不是叫你在学校里，敷衍考试就算完了，是叫你应用你所学的，做那些大的事情。你们全是从一县里来的，对于你们的本县，你们应该负责任。你们应该在本县里，最先着手做那"改良""增进""振兴"负责任的事业。你们舒城县的教育怎么样？不好。不好，就应该提倡。实业怎么样？不发达。不发达，就应该振兴。交通怎么样？不便。不便，就应该开造。社会风俗怎么样？太污浊。太污浊，就应该改良。你们现在就应该做起，乘着暑假回家就去实地调查。用你们的脑筋想方法，去进步，去改良。你们也学学张季直先生，把本县办成一个模范县。这种社会服务的事业，不就是生活吗？这种都是最有益于社会，最有趣味，而且成效最容易见的生活。我望你们要常常去用你们的思想，并且多多的互相讨论问题。人人都说现在的学生，是中国的希望者。不过，假如你们要不向我说的这条路上去走，我恐怕你们要是中国的失望者了。

据《南开周刊》第9期（1921年5月24日）

# 暑假中学生之作业[①]

（1921年5月31日）

暑假将至，你们学生应做何事业；这是我的问题欲你们想方法解决的。我说此问题有几层原因：

第一层，学生平日在学校里有各种功课及事务去做，能各本己力尽量发展；到暑假期内日既久，家居又无事，遂将在学校所学的忘去大半。

第二层，想种种方法预先告知你们，以求免去第一层病；然终无甚大效果。以此是建议的悬想的。

按以上两层说，第一层，学之后又失其所学是错误。第二层，虽有方法求免此弊病，然又难以见效。所以按这两层看，皆不能满足我们的期望。

究竟有何善法能免去此弊？想在这暑假之中不唯能保其所学的不失，而又能利用这时机有所进呢？有人谓不放假。然现在教育与从前教育是大不相同，其不同的点可以分为两项：

（一）从前学校是私塾。学生成年读书，自早至晚很少休息

---

[①] 本文由刘炽晶记录。

的时候，所念的书是没现在这样多，速率也没现在这样快，所以终年不放假于学生各方面不甚发生影响。现在则不然，如终年不休息，学生身体必觉疲乏，所学课程必无时去回想，去与社会相考证。此是对于学生方面说。

（二）教员方面也是相甚多。从前私塾教员较现在学校教员担任课程少，用力也小。按这样看起来，学校不放假是做不到的。此外，尚有种种原因，必须采用暑假放假制度。

所以想利用这长期的暑假，必须另拟别法以求长进。如：

（一）在学校有各种会，你们可借此作发展个性的机会，到暑假可自己随意选择事做，不必拘于学校内的死格式。

（二）你们在学校所读的书，皆是离开物质来讲，无事实可见，无暇看社会中的一切组织，调查各地的风俗，以及看各处的美景、山川等。藉此暑假你们可出学校，身临物质现象界，与平素所学的互相比较一番。

（三）社会服务。可在暑假期内帮助社会做事。中国社会应当改良或去做的事很多，今早校务会议关于此事略有讨论，提出暑假期内可在社会服务的事，材料非常丰富，可做的事非常的多。

你们有返里的，有在学校住的，有在乡间住或城市住的，有组织团体或竟由个人发起做事的；然无论如何去做，第一步必须先有一定的"计划"（plan），然后再有何种"组织"（organize），末尾看发生什么"效果"（result），俟回校以后个人作成报告。这是于自己于社会双方面均有利益的：

（一）于学生自己方面——可藉此与在学校平日所学的联成

一致，与课本相调和，又可藉此明白一切事实。

（二）于社会方面——可为社会做少许事，又能藉此明了社会的真相，补助教育之所不及。

本以上种种，综合起来可分数项：

（a）曾做过何事；（b）有何经验；（c）有何理想——方法及组织。

在此时间内可各发表意见，说明以前已具何种经验，或假期内想做何事业，以便彼此讨论。如住在乡间的，就教育方面说，可分为创办学校与帮助学校二项：

（一）创办学校——须视各地情形而有不同，如钱如何筹法，应与何人会商，如何求官费补助，以及聘请人员等，皆须一一虑及方可。

（二）帮助学校——如本村小学欠改良，即可视其应改良之某点多加帮助，如体育上的帮助，或补助学生课程等等。

此外可作的事尚多，如调查农人的状况，各处的风俗，有何景致可以描写，或各省现时的情形如何；就住在学校的说，温习功课，作通俗幻影演讲（如前年暑假期所作者），或参观本埠各工厂等，此皆是可作的事业。如自己不能作到，学校亦可代为介绍。要之必须能"看""问""做"，方有进步。

不久学校发一种格式表，每人可照表填写己所欲作的事业。总之，我们生在世上是要求活生命，不是求死生命。

据《南开周刊》第10期（1921年5月31日）

## 对南开学校出版部的希望[①]

（1921年6月2日）

香山会议后，全校各组织均向进步方向发展，而学校进行之目标，亦即欲经一次之变动，求一种之长进路程。在出版部方面，则比较帮助学校为多，此就以往事而言颇可满意者。若于未来则尚有一事，请诸君计划，即值此思想界革新之时，我校适经过此路程。此后即宜如何想方法使之进步，吾忆杜威先生曾说："吾人在社会上须能应付环境，然后踏定足跟，自己造新环境。"此所谓活人活组织。今日吾希望于出版部者，亦即能定准方针向前去走。俟假期后，再合大、中两部新来教员及特材生想方法利用此出版部，领全校千余人以正路，不受外间之被动，寻自己之方法。

据《南开周刊》第11期（1921年6月9日）

---

① 本文是张伯苓在南开学校出版部联欢大会上的讲话。

# 解决世界大难题要在教育[①]

（1921年10月25日）

近日正计划筹巨款以建筑校舍等事，得临此会，不胜欣喜。然而回想前次之失败又不禁感慨。若非当日努力，曷至有今日之盛况。我为何如此去作，经几许困难，我认定救国在教育，说到共和国尤以领袖人才为急务。故我梦想中，均以解决世界大难题，要在教育。而教育尤赖大众有团结之精神，努力奋斗。

据《南开周刊》第18期（1921年11月1日）

---

[①] 本文是张伯苓在南开学校欢迎新师长新同学大会上的讲演。

# 南开大学第四学年始业式演说词[1]

（1922年9月18日）

今日为我校大学部成立第四学年第一学期的始业式，吾略备数语与诸位同人和学生一述之如下：

南开大学系由中学部所产生。吾犹忆十数年前南开中学始成立时，天津中等学校同时而起者不下七八处，如官中、新学、长芦、明德、私二、私三等皆争胜于时，而至今存在者已无几。若发展由数十人，数百人，以至千三四百人者，则更希矣。此中消长情形，固有幸与不幸之分；而南中办事诸同人和学生笃信教育万能之梦，至处此经费极困难情形之下。仍能煞费苦心，竞争不息，亦可大增吾辈办学之信心矣。然非即以此为满足，中间亦屡次欲提高学生程度，如开办专门班二次，皆以经费无着与章程所限等原因而停止，致将学生转送他校，至今犹以为憾。现大学成立虽逾三年，而其始亦几经波折。始克继续发展至有此小小之成功。此数年间与吾校同时而起之大学，如东北、西南、东南、河北、鄂大及厦门等，皆耸动一时。而至今除东南、厦门与南大三

---

[1] 本文原题为《本校大学部始业式校长演说纪略》，由刘炽晶记录。

校外，他将成为泡影。或至今尚未实现。东南与厦门两校学款尚裕，可望持久。吾校经此三年之试验，学生由数十人增至今三百数十人，与前相较，增且数倍。以学生言，可谓幸事者一。年前以校舍狭窄，难以扩充。今得津南八里台广地数百亩，以充建筑校舍之需，第一处楼房一二月即可告竣，则第一班毕业诸生，明春定可在新校址举行毕业典礼，当不至再有转送他校之虞。以校舍言，可谓幸事者二。吾校经费自中学既感困难，然从未以此而中止；今大学经费，三年来亦不充足，不久将再事筹款，或可望有成效。且美国煤油大王前所捐之十二万五千元科学馆助费，亦可望领到；则今日理科诸生明春当能得大科学馆之享受。以经费言，可谓幸事者三。此外，大学最要者即良教师，现在座诸教授，皆一时之硕彦，从此教诲得人，诸生受益，当非浅鲜。以教师言，可谓幸事者四。

以上乃数年来吾校成立之历史与此后进行不已之计划也。然年复一年，茫然计此者何为？此即吾南开大学教育目的何在之问题。吾将借此机会为诸生约略陈之。

吾族自有历史以来，世世相传，从无过极困难之时期，如吾辈今日所身遇之甚者。盖前此所谓之困难，乃一族的、一事件的，甚或一二年的。今吾辈所身临者乃外界潮流突来之打击，未及应付，即将吾固有之环境打破；以致标准丧失，是非混淆，社会泯纷之象日甚一日。究此原因，即所变者过急，国人莫能定其新环境以抗之也。故外潮一入，民气全失；长此以往，黄帝神明，华胄，将何以堪？于是忧时之士，始也希冀袁氏帝制推翻后，则一切泯纷之象皆可迎刃而解，全国上下就可好了。既袁倒，而泯纷之象如故；于是又转其希冀之点于张勋复辟失败，于安福失败，于直奉战终……等，而前此泯纷之象至今仍如故。"就好了"三字之梦乃大失其信仰心。然则此问题将如何以解决？吾无以答之，惟求之于南开大学教育。

约翰·杜威（John Dewey）于其《民治与教育》（Democracy and Education）一书中，前四章论应付此种外力之法最精微。谓当一新环境之袭入，须先自定方策，即有一种"动机"，以应付外来环境之逼迫，以与之较胜负，继续不已，以至终身，始克得胜。今吾华民族所最缺乏者，即此种有"动机"而能引领全族出此迷津之领袖。南开大学即造此领袖之所望。今日在座诸男男女女，一秉此心，自强不息。

总以上所言，此次大学成立之动机系第三次之试验，此后将打破艰难，永无止息。至成立之历史，则一由外界之帮助，二由内部之增长——校舍扩充，学生增加，教授得人——而教育之目的无他，在求此解决吾华困难问题之方而已。此问题吾知非一时所能解决者，然"百尺高楼从地起"；事无大小，全在精神。《圣经》有言："对小事忠心者，对大事亦必忠心。"故吾敢语诸生，凡事不在成功，不在失败，只视其如何竞争。今吾辈既生此时艰，万勿轻视自身，须记汝"责任大""机会好"，志向一定，前途正远。人谓南开今日虽小，后望方长。他吾不知，吾惟知"穷家子弟咬牙紧""生于忧患，死于安乐""天将降大任于是人也，必先苦其心志，劳其筋骨……"，望与诸生共勉之。

据《南开周刊》第41期（1922年9月28日）

# 中华教育改进社第二届年会开会词[1]

（1923年8月19日）

现在我们开会了。今日之会是社务会议。会中所应讨论的事约分两项：即有几种须得报告的事，又有几种须得征求大众意思的事。今日因董事长熊秉三先生另有他事，不克来此，故特托予为临时主席。兹按开会程序，须我先说几句话。我本毫无预备，不过把我个人一点意思，随便说说罢了。改进社今年年会在北京举行，借清华学校地点为会址，承诸职员热心办理，使大会开会异常便利，我不胜感谢。

现在时局虽甚紊乱，天气虽甚炎热，而各处来此开会的代表却很踊跃，即此可知中国政局虽乱，令人多抱悲观；而教育界倒有团结力，很可乐观的。因观于诸位来此之热心及踊跃，即可见也。我们在教育上的努力，多非一时可得结果的。若要见着结果，近则须十年，远则须二十年，或者可以如愿。现在民国成立已十二年，国事仍毫无进步者，皆人民程度不够之故。而人民程度之所以不够，又皆教育不发达之故。吾人相信教育为解决一切

---

[1] 本文由姚以齐记录。

困难问题之妙物，想早为诸位所承认。虽吾人现在所提倡之新教育仍然有人怀疑，然无论如何，将来俱能得到结果。至于将来结果之如何，即于诸位赴会的代表身上可以查出。这次会议，各组分得如此细密，对于诸位知识上，一定有所增进；而现在时局蜩螗，梦如乱丝，诸位还能不远千里而来，团结一气，这对于精神的团结一定愈加坚固。由这两点说起来，更可见将来一切困难问题，非靠教育解决不可了。此次所有的全体分组各种会议，诸位如有时间，务望均去按时出席。因诸位藉此可以互增知识，团结精神，对于我辈教育界前途非常有益。总之我们所最信仰之教育，将来无论时局如何变化，都要努力前进，毫不懈怠的。我深愿赴会诸君，俯鉴斯言，那就不胜荣幸了。

据《新教育》第2、3期合刊（1923年9月）

# 本学期之改革[①]

（1923年9月3日）

今日为本校第二十学年之第一日，而一切仪节，在本校旧职员看来，与最初实未有若何变更。本校学生数目，就住宿者观之，在中国固尚未有，在世界亦属罕有之大。此后已决定学生数目不再增加。然办事者之初心，固未尝有希望学生今日之多，只因年来社会之需要过巨，致演成今日情形……此次开学后，新生甚多，高二、三学生一切行动务须自检，以作新生之表率。责任之重大，正似以前之大学部学生。

本学期之改革，在教务上，注重学生自修，以期养成学生自己负责任之习惯，庶几当将来应事，不致如旧日未受此种训练之学生，只是能盲从，不能自动。……在训育上，本学期最注意之点，在使诸生养成沉毅之习惯。三十年前，中国社会异常沉默，故有人倡说以动之。然只是破坏而不能以之建设。试观今日中国之现状，政体虽早由君主而改为共和，其实则进步甚寡。推究其源，亦不外国民缺乏沉毅之气。故本学期训育，多注意此点，以期将来国民之改善。

据《南开周刊》第68期（1923年9月21日）

---

[①] 本文是张伯苓在南开学校中学部第二十学年始业式演说。

## 办大学之目的[①]

（1923年9月17日）

办大学之目的在信学以致大，学以易愚，学以救国、救世界，学能求真理又能改善人格。故欲达到此目的，须自大学时代作起。一学者终身从事于学理之研究，然作学者须先具以下五种善行：（一）立志，（二）敦品，（三）勤勉，（四）虚心，（五）诚意。……

据《南开周刊》第69期（1923年9月21日）

---

① 本文是张伯苓在南开学校大学部开学式上的演说。

## 教育者当注重人格感化[①]

（1923年9月）

吾人平日所任之职务虽不同，但吾人之目的则一。目的维何？就是要造就新人才，去改造旧中国，创造新中国。因为吾人抱同一之目的，无论吾人所任者为各课之职务，或各科之功课，随时随地都宜往同一方向走。力合则效力大，力散则效果微。望同人其共体斯意。……

任教育者当注重人格感化。人格感化之功效，较课堂讲授之力，相去不可以道里计。

据《南开周刊》第69期（1923年9月11日）

---

[①] 本文是张伯苓在南开学校全体教职员会餐时的讲话。

# 中国之将来希望纯在人才[1]

（1923年11月1日）

余近年来因为本校筹款，在校时日甚少，每以为恨。本星期幸得暇晷，曾巡视校中一切状况，见秩序极佳，诸君生活亦按部就班，无不合于规律，心中颇觉欣慰。近年来，余在社会中所见之现象，既多杂乱无章，又多悖不合理，心中蕴有无限忿恨悲观。而到校一视，辄觉心平气和……余在外所历艰难甚多，然因之亦得有制止之法，今试为诸生言之。

其一，余为学校筹款，常因不成而不豫。然一般为个人私利者流，则终日奔走，未尝见其厌倦。于是念及孔子"吾未见好德如好色者也"之言，则知己尚有未足，不豫之情乃潜然消除矣。

其二，近日时局混乱，对之每生悲愤之感。然细思之，此种混乱，非过去几种事实之当然结果乎？既属当然结果，尚何悲愤之足云。由是可知，吾之所以悲愤得毋因，不确知事理之缘因乎？念及此则悲愤之气，及全归平静矣。总之，吾人对于外界一切事物，苟能责己，则一切不平之念，俱无发生之余地矣……

---

[1] 本文是张伯苓在南开学校高级修身班上的演说。

然则今后后中国果尚有希望欤？悲观者视之，自非断定无希望不可。但试进一步思之，亡中国之道有何？统观之，不外两种。其一，为因外力之侵略而灭亡。其二，为自己不振而自杀。中国目下能为外力所灭乎？以言欧洲，则大战后一切异常凋敝，数十年内，彼辈自顾尚不暇，未必有余力以侵中国也。以言日本，则一面受美国之牵制，一面受此次天灾之损失，亦未必有力外侵。是可知中国之最近将来，固决无外侮之虞，而一切希望均在自理无疑。然反观国内一切情形，则使人既愤且悲。本无定乱之法，而想一不合理之法以处理之，结果则现象愈混乱矣……推测中国最近之乱源，厥在人才缺乏。固有数以人才名者，然以其非真人才故，不能赖以处置各事，故中国之将来希望，纯在人才之多寡。而本校办理之初衷，即以造就人才为目的。诸生须知，少年在今日，作事之机会最多，果尚不能负一责，未免大可惜也。愿诸生勉之。

据《南开周刊》第74期（1923年11月2日）

## 袁太夫人追悼会开会辞[①]

（1923年12月9日）

今日之追悼会，其意义凡三：

其一，为纪念袁太夫人[②]屡次对于本校之捐助。袁太夫人之捐助本校，非自建筑科学馆始。往日，大学部始成立时，缺乏理科仪器，述之先生即慨捐金一千磅，为本校购置理科仪器之用。此事诸生在理化教室所悬之影片，当可悉其梗概。后美国罗氏基金团欲捐助中国两大学，专为促进科学教育。受捐助者：一为东南大学，一即本校。基金团所应数目为二十五万元，但须以本国能捐其半为条件。彼时，述之先生禀承慈命立认捐七万元。此数固尚未及半，然余因之始敢应基金团之条件。大学部之科学馆亦因之而得成。现此馆已将竣工，特名之为"思袁堂"，即所以纪念袁太夫人也。

今日之追悼会其第二意义，为使女生得一模范之人格。本

---

[①] 本文由《南开周刊》记者记录。

[②] 袁太夫人，即项城袁述之之母。在南开学校创办时期，她屡命其子捐款助校。特别在大学部筹建科学馆时，又捐助七万余元。该馆竣工后，命名为"思袁堂"（亦即"思源堂"）。

校成立以来,初仅中学,三年前成立大学,今岁复成立女学部。成立女学之宗旨,即为提高一般女子之人格。中国现在社会中,每谈及妇女参政,社交公开诸问题。然吾以为妇女之知识苟能提高,则其能力,其人格自亦因之而增高。其他枝叶问题自均易解决矣。袁太夫人所受教育,本无一般新女子之多,尚其教育子女服务社会之精神,则或为一般妇女所不及。现代女子其受教育之机会,既远多于袁太夫人,苟能获得袁太夫人之精神,则中国将来何患不强?

今天追悼会之第三种意义,为使社会得悉袁太夫人之精神。现在一般之教育子女,其唯一希望多属升官发财,而袁太夫人则绝不使其子为宦。此中原因固多,然袁太夫人实深悉在现在为官之非是矣。太夫人令诸子皆从事实业,既有所获,而自奉极俭,遇社会中之公共事业,则无不慨然捐助。此种精神,社会上苟能得之,实最为需要。

据《南开周刊》第79期(1923年12月7日)

## 最近的时局和我的希望[①]

（1924年1月）

最近之时局，其混乱适可譬诸天气之昏暗。吾人无论如何乐观，对之亦不免暂时悲愤。日前，在京Dr Tenny曾询余中国之现状如何？余即答目下绝无希望可言。盖此实不可掩之事实也。论政治，众院已实行改选，似足供吾人乐观，然就现状言之，将来之新国会果将何似？以言教育，则教育经费几已完全充军饷，维持尚难，又何言发展？且最近之教育界又发现两种恶趋势：其一为过重视金钱之商业化，其二为随事敷衍之官僚化。在此两种影响之下，能有何种教育可言？然在此时机，亦颇可获得极满人意之结果，即一班少年之醒觉是也。要知中国现状之恶劣，系过渡时期之必具者；以言之中国之将来，固无人不承认有绝大之希望也。盖在此种状况之下，柔弱者流，自无侥幸成功之希望；而勇敢、健全之少年，则无不能藉之以自奋者。且最近北京之教育界，从一方面观之，若美专、医专之风潮固极可悲；然从另一方面观之，若范静生之就任师大校长，江庸之就任法大校长，则不

---

[①] 本文是张伯苓在南开中学高级修身班上的演说。

能不谓之为差强人意之事也。诸生苟能各自奋励，使中国得平安迅速度此难关，而跻于光明之境，实余所切望者。

据《南开周刊》第83期（1924年1月10日）

# 改造南开①

（1924年2月21日）

本校自逾千人后，因地址不足总未召集全体集会。今日因要事不便分两次报告，乃召集一次全体集会。女中部已于昨日集会，明日尚拟至大学部作同样之集会。

此次集会之目的为"改造南开"。此语骤闻之似无甚意义，盖年来本校气象颇盛，尚何改造之可言？殊不知本校至本年十月十七，虽已届二十周年；此二十年中，本校虽已能排除一切困难而继续进步，而去岁暑假，遇前此未有之巨大变动，本校舍由一而分裂为三。去岁既分力于大学之建筑迁徙及一切新组织。而女中学亦适于暑假后创始，其困难实较以前为更甚。盖辛亥学潮，直皖、直奉诸役，虽皆影响及于学校之发展，然其势力皆自外来，远不及此次因自身扩张而生者之重要也。至于今日，已历一学期，诸种困难幸均已平安度过。以言经济，至去岁年关，虽亏款三十余万，自可陆续归还，即万不致入于无办法之途而已；至于精神方面，则实不如预料所期，今既已度过经济难关，乃充多注意于精神

---

① 本文是张伯苓在南开男中学部全体特别集会上的谈话。

之整顿。由此可知，南开学校之所以改造，其一因有改造之余地，其二因有改造之余力。日前曾有一学生家长对吾言，谓将学生送入南开，即答放心。吾即答以吾辈即因之不能放心矣。此亦可谓改造之一因，即永不自满而使之常常在改造中也。

吾尝闻人言，学生对学校总不能满意，此语殊难索解。岂学生与职教员之利害正相冲突耶？吾以为教育之目的为一致的。学生与职教员其利害苟一相对，则必系一方面认错此方向矣。试就学费一项言之，初似为学生与学校之利害冲突点。然苟能财政公开，则自能相谅矣！故吾以为改造之最重要方法，即开诚布公而已。盖冲突每起于误会，若学校办事之认真，教员授之毫无假借等，每为学生所误会，以为故与彼等作对。然苟解明其故，自能涣然冰释矣。吾印成建议书数千份，当分之全校师生校役，以求收集思广益之功。诸生可各思有何种建议，即偶有错误亦无妨，盖吾藉此更可使诸生得一自省之机会也。女中学部因团体甚小，诸事多能自治，故一切情形均差强人意。男中学部团体虽甚大，然亦可分班组织自治会，不然固不能及女中部，且学校亦无能为力也！

吾前已言，改造之要点在"诚"。以吾之经验，人苟欲有所成就，盖亦无地不须借助于"诚"。本校中之青年学生，亦必因此字而得进步。且此种建议书可对学校，亦可对自身。例如思自身有何可改之处及改革之理由，再及于改革之方法，不自欺，不松懈。道德学业自皆可日进矣。总之，本学期全体师生，均能有一种改造之新精神，然后本校之前途乃克有绝大之希望。愿共勉之。

据《南开周刊》第84期（1924年3月1日）

## 开诚布公,根本改良 [①]

（1924年2月22日）

以往一年为本校变动最多时期,经济上及精神上的困难都算勉强过来。但看本校以往历史,每过一层难关,必有一次长进。今又至改进之时,而学生中反不见活泼气象,故须立刻设法疗治此病,并引女中学之自动及女同学之自治为比喻,以鼓励全校。劝同学学周仲铮女士多上建议书,报告全校经济状况及募捐之进行。至聚会之主要意义则在"开诚布公,根本改良"。

据《南开周刊》第84期（1924年3月1日）

---

[①] 本文是《南开周刊》对张伯苓召集南开学校体体师生特别聚会时的演说的报道。

## 对事业应抱改造之思想[①]

（1924年3月11日）

凡人作事，须具活泼之脑筋，自出新见解，不固守前人之规律，抄袭他人之方法，始有新进步，好成功；不然，固步自封，人生光阴易过，能有何作为？虽然，仅有新见解，而不继之以实行亦属无用。

此次二年级诸生能改变以前班会之故例，开全体级会，可谓有新见解；又予入场一观颇有秩序，可谓能实行。吾甚望诸生对于任何事业皆抱改造之思想，而尤望诸生有努力合作之精神云。

据《南开周刊》第87期（1924年3月22日）

---

① 本文是张伯苓在南开中学初二年级会上的讲演。

## 振兴实业，增进物质文明[①]

（1924年3月13日）

近日在中学所收议案，其可行者已立刻实行，其尚有讨论之必要者，已交人分别管理，预备仔细讨论，故建议结至今日暂行停止。俟讨论完毕，作一结束再重行征集，庶不迟延过久。惟此次议案中，有一系提议将校后臭水塘填塞，恐系不明本校历史之故。

盖本校当未设立时，有德人汉那根者与三数中国人在天津设地皮公司，其与地方官所订条约，系将天津城拆毁而从西头掘河一道，经德租借地而达海。当时本校校址附近多系津人坟地，亦被该地皮公司划为己有，强迫将坟移徙。有郑姓者，虽以势不敌将坟移走，但不甘心将地归该公司，即赠与学校。当时余以学生尚无球场，即以该地充之。德人闻之，出而阻挠，经过无数交涉，后余与该德人面议，结果德人另赠本校地一块，此即本校现在校址之一部分也。后该公司所预拟凿之河未能成功，乃将天津城中概造暗沟，天津城市之污水乃皆集于本校后之水坑。现三不

---

[①] 本文是张伯苓在南开中学高级修身班上的演说。

管附近，昔因地中甚低，居民欲在其地建筑者，即藉掘鱼池为名，将地填高，盖所以避免官厅干涉也，结果各水池亦皆变成污水池矣。近闻津人在从事于运动，将与本校旁小河相通之河在海光寺设闸，时时将污水换过。结果则本校后水坑之臭气或能减轻不少。总之，此水坑现时实无法使之填塞。吾校同人惟有练习忍耐之法，盖在此种情形下亦无可如何也……

本校大学部近日有几种极巨变化：其一为评议部[①]之成立，其二为商科学生之组织学生会。此会余对之颇尽力赞助，盖自吾从美洲回国，知中国现在之要，首在增进物质文明，不然，则为世界进化中之落伍者，欲图与之争衡不可也。然增进物质文明之法，吾以为不在提倡科学，而在振兴实业，财赋一足，则自能从容从事于科学之发明矣，此点由各国之历史及现状均可证明之。吾今岁内校中诸事均已妥协，乃努力于此。此商学会凡商科学生必须加入，出校后仍与此会发生关系。吾愿三十年后南开学校之商科学生在中国商界可逐渐减杀外人之势力也。

据《南开周刊》第86期（1924年3月15日）

---

① 这是南开学校大学部依照校长张伯苓"开诚布公，根本改造"的主旨，于1924年3月10日成立的一个评议全校一切大政方针的组织。该组织由校长、教务主任、各科主任、教授会议代表及教职员代表组成。

# 青年的择业、婚姻和信仰①

（1924年3月28日）

日来，余征求诸生建议修身班之讲题，所收殊不甚多，望诸生多多建议。综观所收建议，偏于知识方面者为多，若金佛郎问题、承认苏俄问题等，而关于诸生自身之问题则殊不多见。以吾观之，二十岁上下之青年，问题实最多。惟以其经验甚少，常不肯使人知之。今试略举一二种：若择业问题，岂非现在个个少年之重要问题，且须立时解决者？此问题在甚紊乱之中国社会中尤不易解决。盖在中国社会中，稍有知识者作事机会甚多，少年人每不易为适当之抉择，此其一。其次婚姻问题，亦为现在中国青年之一最重要问题。现在青年，有未定婚者，自宜缓定，为是。至其已定者，或即将定者，果当以何法处之？即退一步言，婚姻已可自由果应如何审慎，始不致有以后之翻悔乎？此其二。再次如信仰问题，吾人生活于世，苟无确定之信仰，确定之人生观，则一切经营造诣必皆毫无根据，挫折一来，初志即可变易。故青年人对于自己之信仰，亦殊为一亟宜解决之问题，此其三。青年

---

① 本文是张伯苓在南开中学高级修身班上的演说。

人之问题固不只此三种，而此三种，实可为每个青年人之问题。诸生此后务要将自己问题完全不加隐匿，余他日尚拟请若干学者专为诸生讲演此种问题，则诸生对于自己问题之解决或可获若干参考资料也。

据《南开周刊》第88期（1924年3月29日）

# 择交问题[①]

（1924年4月3日）

首略报告本校大、中、女三校去岁经济状况，及今岁预算。

照现在大、中两部统计，知本校之大学部学生，凡由中学部升入者，虽资质各不相同，而预备则多甚充足。至于由他校毕业直接考入预科者，程度或不能不稍差，而进步实甚速。盖因考入之学生天才生甚多也。照预拟计划，本系于今岁将大学部预科停办。但日前会商之结果，为收容他校程度稍差之天才生起见，预科暂仍继续办理。

次乃讲演择交问题。吾曾得诸生若干对于修身班讲题之建议，系择交问题。以吾观之，此问题虽亦颇重要。但较之余上次所讲之择业问题、婚姻问题及信仰问题，则相去甚多。今试为诸生略一述择交之道。照现在眼光视之，今日择交与古之择交略异。古之择交之道甚严，而所友甚寡，友寡故过从甚密。至于今之择友则范围略广。即以诸生现在情形论之，凡属同学即皆谓之友亦无不可。古代诋多友为朋党，而今日交友范围虽广，然亦反

---

[①] 本文是张伯苓在南开中学高级修身班上的讲演。

对以小团体而影响于社会之福利。从此可见择友之道古今实无根本之差异。中国古代之善友者，若三国时刘（备）、关（羽）、张（飞），战国时之管（仲）、鲍及俞（伯牙）、钟（子期），皆极为人所习知者也。孔子谓友有三种：若友直，若友谅，若友多闻。此实一交友之准绳也。今人每谓友之极密者，曰知己。所谓知己，即所以望友之赞己之长，慰己之苦。然若深一层思之，则人各有长短，苟只望人之称赞，而不欲人之规戒。且人皆欲人之赞，人之慰。然则赞人慰人者，果何人者。明乎此，则交友之道思过半矣。

据《南开周刊》第89期（1924年4月12日）

## 在南开中学高级修身班上的演说

（1924年5月1日）

今日余所言者有二事：其一，关于本校近日内部情形；其二，关于国内近日欢迎与反对一著名人物之批评。言及本校近日内部情形，据余所见，精神殊甚好。若数日前英文演说之全胜，汉文演说之一胜一负，华北运动之球类比赛获胜以及近日本校运动会加入者之多，均足以表示全校精神之佳。然余颇愿由此数事中择几点为诸生告：其一，吾人做事常须竭力求得经验。若本校在八里台开运动会，在今岁系第一次举行。诸事待改良者必甚多。于是当筹备之际，吾即谓诸办事人各人皆宜留意自己所管理之事，有何者应改进之处。预料日内聚会必有若干事提出，可免去明年重犯同一之错误。吾常谓人之由做事而得经验，固可漫不注意，直使一种经验绝不能使人遗忘时，始可谓之为彼之经验。然由此路以得经验则未免太欠经济矣。此种注意力，在起首或不免觉其费力；但练习稍久而成为习惯，则将毫无所苦矣。其二，吾闻之本校此次华北运动会因吾校学生之助兴者，颇有人讥为精神未善。以吾观之实属非是。盖吾以为本校助兴之学生，固为助本校运动员之兴，但绝非为扫他校运动员之兴也。且运动所争者胜负而已。苟一战而负，负而已矣，人格上固犹在也。若夫人格一有损伤，则虽胜又岂值得若许代价哉！此点诸生务须注意，运动员亦须特别注意。

日来印度诗人泰戈尔来华，各处多请之讲演。于是各界对之乃有赞成、反对二种论调。其赞成者谓彼为一著名诗人，且其人非顺应潮流者，且足以代表东方文化，故吾人对之应表示相当敬意。其持反对论调者谓泰戈尔提倡东方文化，反对物质文明，恐青年学子受其影响而亦贱视自然科学。以吾观之，此两面皆未得其中。盖泰戈尔既为一诗人，则固意迫其为形式之讲演，作形式之应酬殊为不可。若谓恐青年学子受其影响，则吾人固可更请注意自然科学之学者讲演。且若果有此等无主见之学生毫无抉别能力，又何能望其将来有所成就？自然而静的生活吾亦非反对，吾年来亦常往西湖诸名胜地作一二日之游散，其目的在变化生活；若一味主张此种生活，则非吾所敢同意者矣。盖中国此际固决不应有此种闲散人民之存在故也。

据《南开周刊》第92期（1924年5月2日）

# 体育运动会的缘起和发展[①]

（1924年5月15日）

数日，余将赴武昌参与第三次全国运动会，往返需时两礼拜。诸生阅报当知此次运动会亦曾有小小风波，故吾不得不早数日去。

原运动会之起由于欧西，欧洲四年举行一世界运动会，World Olympic，即每逢闰年一次。今年在法国，一九二〇年在比国，一九一六年在德国（因欧战而停），一九一二年在瑞典，一九〇八年在英国。东亚各国总未参与此会。而于十数年前，由中国、日本、菲律宾合组织一远东运动会。此会欲与世界运动会相接，故日期相错，且每二年举行一次，逢单举行。去年为第六次，在日本，第五次在中国，第四次在菲律宾，第三次在日本，第二次在中国，第一次在菲律宾，时一九一三年也。中国因地区甚广，不克常举行全国运动会，而每区则常年一举行。计中国共有华北、华东、华中、华南、西南诸区，其组织完善以华北为最。华北括有直隶、山东、山西、陕西、甘肃、东三省、

---

[①] 本文是张伯苓在南开学校中学部高级修身班上的演说。

河南诸地。华北运动会之组织，由本区各省各举三人代表，代表中举八人（正、副会长各一，书记、会计各一，委员四）合称执行委员会（Executive Committee），任期一年。由此会定下年举行地点，由举行地之人自选职员，曰竞赛委员会（Contest Commettee），照顾当场各事，此其略也。华东初只有东南、金陵、东吴、约翰、复旦、南洋、之江等八大学联合运动会，只括江浙两省。今岁已加扩充而成华东运动会。华中括安徽、湖北、湖南等省。亦自今岁始行组织。华南因交通不便，尚无一致组织。华西则尚未发达。

去岁吾国运动员在远东失败，各代表回国后，即委罪于政府不为助，社会不肯提倡，以及代表人又为西人。于是在上海时报馆开会，拟组织中华体育协会，作为中国体育事业之总机关，对内则提倡，对外则代表。此次在武昌举行全国运动会，亦无非为提倡之意。而华东有一部分人颇有误会，谓中国之全国运动会不应由西人格莱（Gray）召集，此实误会。盖格莱不过一竞赛委员耳，此会固不能由彼召集也。闻此种误会现已成过去。诸生自能从报纸中得之。至于此次全国运动会果何因而称第三次，则因光绪末年时，端方正充南京总督，开全国展览会，乃藉时以开运动会焉。规模虽甚简陋，而实不能不谓之为中国全国运动会之嚆矢。第二次全国运动会于民国二年举行于天坛。此次举行第三次之目的，除去提倡国人之体育兴趣外，尚拟即促成中华体育协进会。盖当时在上海开会，前两次尚有人到会，而至将通过会章时之第三次会，竟无多人到会。当时格莱君尝与吾函谓："吾在会场中候三小时之久，竟未至一人。"吾闻之不禁深为叹息。吾人每谓与西人共事彼辈常揽权，其实因非由西人之揽权，实由吾人之责任心太少耳。且明年在菲律宾举行远东运动会，吾人于事前当如何措置？下次在中国举行时，吾人又应如何？均需有极精密之思考，始克有济。而吾人却只愿作旁观之批评，而不肯实际做事，此亦未免太无责任心也。

据《南开周刊》第94期（1924年5月16日）

# 南开学校的教育方针[1]

（1924年9月3日）

本校于每学期之始必举行一始业式，藉以联络全校师生，以努力进行一学期之计划。近年来，师生数目逐渐增加，已不能于一日之内为实际之联络，只可称之为精神的联络而已。

开学后，旧生多已报到，新生报考者亦甚踊跃。本校以地址不足，未克尽量收入，对于未取诸生，殊深抱歉。今年各省有患水灾者，有患兵灾者，诸生求学之心并不为之所阻，殊堪嘉许。国内人士对于近年之变乱，亦得有两种教训：其一，不因之妨碍正业；其二，不希望其得若何重要之结果，此可谓中国民智上之一进步也。最近江浙之事殆亦不可幸免，两省学校因经费无着，多不能开课；津地幸有"辛丑条约"，乃得一时未经变乱，不然，则我校当不止一次被兵占用矣。然试深思之，吾人果何必需受外人条约之保护而始得安宁？此种不合理之现象，果何因而能长久持续？此则吾人所当引以为教训者也。

本校开学前，各课主任及全体教职员均曾集会讨论本学期进

---

[1] 本文是张伯苓在1924年秋季南开中学始业式的讲话。

行计划，内容甚多，后此或克陆续印布。今日愿为诸生告者，即本校之教育方针是也。吾尝思中国在今日混乱状况之下，果当需何种人才？建设者乎，抑破坏者乎？按常理言之，似专属前者。然细思之，中国今日需破坏之处，尚甚多也，以言当年之革命诸公，其所破坏者固乡，然平心论之，则知彼辈之破坏多属无经验的，或竟谓之为盲目的破坏亦无不可，盖其能彻底者实寥寥无几也。故中国今日所最需要者，乃彻底的破坏人才，非冒失的破坏人才。甚愿全体师生皆向此目标渐近也。

据《南开周刊》第98期（1924年9月29日）

# 当前的时局及南开的训练方针[①]

（1924年9月11日）

近日时局不靖，国人因相习已久，未尝稍生恐惧，致妨事业之进行，此亦可谓民识之一进步。此次变乱之范围，果将如何扩大，此际尚不敢定。然无论如何，其均不足以解决中国之根本问题，则是吾人所敢断言者。江浙诸省及北京方面之教育界所受影响颇巨，言之可痛。再北京之私立大学，近日数目顿增，夷考是实，则大多数乃专为欲分润各国将退还我国之庚子赔款。但吾人从一方面观之，此种现象之存在，固由于各省中等教育之不良，或由于政府办理大学教育之不善，或范围过小；然深一步观之，则可知皆由于国内政治之不良，不然，则此种反常之事实万不能发现也。美国因退还中国庚子赔款余额，已派专员孟禄博士来华。孟禄氏之预定，本拟速将管理此款之中美委员会举定，其中美国五人，中国九人。但现仍未能将人妥实举出（记者按：十八日《晨报》载此委员会人名单，读者可参见之），此种迟延不决之习惯，真为中国人之病根矣。

---

[①] 本文是张伯苓在南开中学高级修身班上的讲话。

国内武人颇有主张，以各国退还庚款筑路，然后再以路政收入充教育基金者，其言未尝不能成理。然按之国内已成各铁路营业并不赔累，其赢余果归于何处？彼等又有谓筑路可以助国内统一者，然按之实际，京奉路固早已通车，何近仍与政府俨然成对乎？总之，年来武人盛倡武力统一，至于今日之情势，几非用武力不可解决亦可悲矣。

值此等混乱之际，本校尚能安稳开课，实属大幸；然因之乃发生一最重要之问题，即解决中国之时局果需要何种人才是也。盖吾人于此际既不能决然助何方，则必须养成将来解决国事之人才，其事甚明。然训练之方法何为？中国最需要之人才系建设者乎，抑破坏者乎？以吾现在中国现状一部分需破坏，一部分需建设。于是本校训练之方针，乃专注意此两种人才所必具之基本性质，约言之可得三种：其一曰，志大而正；其二曰，具胜困难与试绣之毅力；其三，为永远进取之精神。此外尚有一种特质，曰创造的精神，其重要尤巨。然此种特质只能于少数特才者见之，殊不能如其三者之希望于每人也。日后得暇当一详论之。

据《南开周刊》第98期（1924年9月29日）

# 中国革命与改造及吾人今后之机会与责任[①]

（1924年10月16日）

革命二字，始于汤武之伐桀纣，意即吊民伐罪，乃爱民主义的革命。其为改造属于政治一方面。殆近八九十年来，欧西物质文明日渐发达，近且远侵及于东方。影响所及，中国与日本首受其打击。中国自鸦片战后，每遇与外人战辄归失败，割地赔款，国命几绝。于是有戊戌变政，庚子联军，至辛亥而起革命，改造政体。日本之革命始于日英战后，时德川氏执政，励精图治，国体维新。凡此二种之革命乃对外的革命。爱国的革命较之汤武之爱民革命不可同日语也。中国自革命以来已十三年。国内之纷争日裂，人民之痛苦益深，政体虽更，国乱如故。近且东南、东北干戈叠起，实业停顿，教育破产，如以此为达到民主国家捍御外侮之目的之方法则可；如其以此为真爱国，真爱民族，其谁信乎？最可病者，国人经过此多种之政变，忘其责任之所在，一任此辈军阀政客之妄为。趋炎附势，唯利是图。其有真心为国为民族而革命而改造者，盖鲜有其人。诸君方在此受高等教育，吾今

---

[①] 本文是张伯苓在南开大学修身班上的演说。

以此责任冀望于诸君。

诸君其以吾言为垮乎？今日中国之革命系根本于西欧势力之东侵。西欧自文艺复兴以来，经过几次之大改革，机器发明，为战胜物质界的大原因。其人民已由黑暗时代渐入光明。我则受此世界之潮流而亦改革。改革未终，人民已先放弃其责任。此种危险可虑殊深！诸君勿以中国革命已告结束。现在之政体之民生，何处不待诸君起而革命而改造？诸君生当今日，机会甚多，责任极重，宜于此数年内，预备充分之学问之能力，以期异日尽责于国家。苟能唤醒国人，明其所以，则子所负责已尽大半矣。如其因循不进，随波逐流，其有益于国家者盖鲜。孟子谓："待文王而后兴者，凡民也。"吾深信世界惟有进步，绝无止境。愿与诸君共勉之。

据《南开周刊》第101期（1924年10月27日）

# 学校如一小试验场[①]

（1924年10月17日）

欧洲自十八世纪后人民有大觉悟。于是有种种之发明，物质文明日益进步。现中国亦承受此种潮流而改革未已，本校之创立，亦即期以教育人才为目的，期引全国人民皆能觉悟。学校正如一小试验场，场内之人皆有信心具改造社会之能力，将来入社会改造国家，必有成效。故本校二十年来应社会之环境而进行，方法有时而变，目的始终不更。今日之所庆祝，非在于现时之状况，乃在将来办学目的之能实现也。

据《南开周刊》第101期（1924年10月27日）

---

① 本文是张伯苓在庆祝南开学校成立二十周年大会上的讲话。

# 在南开学校庆祝二十周年游艺会上的讲话

（1924年10月17日）

昨天在八里台大学开纪念会，我没有到这里。今天除了学生外，有许多来宾。现在我要说一说这个二十周年纪念会的意思。这"二十周年"，是指旧制中学而言，至于新制男中学，只有二年，大学五年，女中学一年，所以今天的二十周年不是纪念大学部，也不是中学部，也不是女中部，是纪念所有一切南开之份子，所以二十年前的人也算，在南开只有一年的也算，如其要找一个二十年全在南开的，恐怕很少很少。现在国内多事之秋，不能大大的做寿，北京之旧同学要来上寿，当即去电阻止，极力往小处做；但是人数太多不得不分做二天。年来因教职员、学生全忙，故未编演新剧，新剧人才又多往八里台去布大景，所以今天没有新剧。但是学生很多，当然免不了有人才，所以，今天这个游艺会，把他们各种特技表演表演，或者比新剧好。没有新剧，对不住社会；但游艺也好。今天发的纪念品，上边印的大学二十五万（元）的科学馆，男中学二十多（万元）讲室之楼房，还有一块白地，是女中学的，预备捐十五万元盖房子，这一点，请来宾注意。男女是平等的，男中这样完备，女中哪能太坏？我们提倡女子高等教育，非从女子中学起不可。我希望二十一周年时，那块地上已有房子了。这种事（**指办教育**）应当大家做，为什么我一个人做呢！今天来宾不少，本校学生也不少。希望出全力帮忙，我想借此成功这件女中盖房子的事。

据《南开周刊》第101期（1924年10月27日）

# 本校经济问题[①]

（1924年11月27日）

我校二十周年纪念，已于慌乱中度过。华北水灾、东南战事，我校均未受直接之影响。东北战争，虽有多数学生因交通不便，家中未能寄款前来，致天寒尚未预备冬衣；然本校则幸未为兵占作病院，校中各事，照常进行，不可谓非幸事。些难已过，今兹则最大难关临头？即本校经济问题是矣。今春董事部通过预算，本校三部皆有亏空：男中部计亏三万余，内有去年不敷之万余，净差二万余。本校岁入，计有学费、省款、地租等，然虽极力撙节，仍患不足。盖省款计二项：一为二万七千，每月发二千二百余，现已三四月未发；一为五千，分四季由省署令省银行拨付，年余未发，此男中部现时经济状况也。

大学部计亏四万。然以公债得利故，可少一万，再减去年所亏万余，今年净亏二万余。现则入款减少，出款加多。即煤款而论，预算六千六，然大约须一万。而收入计每月盐余项下由汇理发四千五，二月未发。财政部之二千亦未付，故极感困难。

然则因此停学乎？否，决不！吾等决不能为经济所战败！上

---

[①] 本文是张伯苓在南开中学第十次高级集会上的讲话，由张志基记录。

星期曾往北京，收效甚微，拟再往设法。若中央不能付款，则亦须设法借贷。总计自今至放寒假，本校三部共须约五万元。幸年来屡遇此等困难，今亦不觉其难。且以乐观而论，愈难愈佳，可增加办事之能力。总之无论如何，决不令同学失学。汝等尽可沉心静气，专心学业也。

民国十余年来，变乱滋多，然独于此次之变故，觉有更多之改善机会。吾拟趁此机会，为本校谋一大进展。大学须扩充，男中只扩充设备，如会堂、宿舍等。近来吾见学生用功，秩序甚佳，今后宜设法使之长进。欲使学生长进，设备方面不可不求扩充，图书馆、博物室、手工教室以及各课办公室等现均不敷用。凡此种扩充费用，约十余万。现拟筹基金五十万。

女中需款更急，现讲室已全满，明年如何，尚不得知。现女中所有经费，惟男中学补助之千余及言仲远夫人遗嘱捐助之一千元。现拟筹基金十万，建筑校舍费五万。

大学图书馆尚无着落，前假秀山堂，今迁思源堂。现科学馆虽勉强敷用，而图书馆则必须另建。估计此项费用，约需二十万。总计我校拟筹之款约需二百三十五万。前数日曾开大会，计划出一南开状况报告，将南开历来情形、现时状况及将来计划，和盘托出，报告社会，以求各界之援助。想政局澄清后，定不乏乐心好善者，以尽力于此种建设事业也。该项报告之末，拟附以所有捐助本校诸君之肖像，藉资表扬，而留纪念。盖诸君皆能辅助本校以成此永久的建设事业也。

据《南开周刊》第108期（1924年12月15日）

# 教育为改造中国之根本办法 [①]

（1924年12月14日）

处于此等风雨飘摇之时局，欲求能平心静气从事于事业，实为不可能之事实。以本校论之，本年来已阅大险二次。其一，非直接关于时局者，为夏间之水患。其二，为东北战争。此二险皆幸得脱免，既未致受淹，又未致停课或被占为病院。此两险难，方庆已过，而又有一尤关全校命脉之经济困窘问题，临于吾人之眼前。考本校全部经费入源，向皆赖学费、地租、省款、公债及财部之助款；与出路相抵，每年辄患不足，约亏数万元之多。现当如此时局，不仅设法筹款不可能，即应得之款项，亦受影响，较往日减少矣。处此艰难，办事人之苦痛当可想见，然吾人仍当积极设法，无论如何不能使学校陷入停办之末路也。此次政变之成绩，自表面观之，约有三项：

（一）历年来武力统一之迷梦，从此当稍警醒。今之执政昔曾因恃武力谋统一，而遭失败。晦迹数年，回首前尘，必有所悔悟；且兹次得政，并非得自武力，其不主张以力征经营，实可断言。至于现之握军符者，鉴于某大军阀之前辙，亦必有所警惕，

---

[①] 本文是张伯苓在南开中学初中第14次集会上的讲话，由邵存民记录。

不致再轻用武力；即使尚有之，在实际上恐亦难办到。盖欲启战争，对于其部下，必有所利诱，始能得其死力；此历年来内争所得之定理。现之奉军，固战胜矣；所得者几何？不徒无利可得，现且将从事于裁减矣。如此，尚望其能侵略南疆耶？

（二）吾国人素有不问国事之劣点，经此次大乱，当亦有所改正。内乱纷纭，虽非国家之好现象，但一班醉生梦死之国民，受如此苦痛切肤之刺激，当可醒悟矣。

（三）手握三民主义旗帜，奔走革命四十年之国民党魁孙逸仙，自满清末叶，直至今日，即时立于国民前方，呐喊提倡国家改革，种族应自立。满清既已倒矣，军阀为国家之害虫经此次战事，现已稍见铲除矣。目的稍达，而国家已糜烂如此，其方针岂不当变移？闻该党现已改变目的，由对内之改革，移为打倒国际帝国主义之计划。为如斯亦吾国前途之曙光也。

总之，此次政变所收之效果，消极方面，不过国民由此稍有所觉悟；积极方面之建设则未有也。然吾人决不能因有消极之觉悟，即自以为足，此后仍当合心努力于积极的建设。欲积极的刷新中国，根本方法，在先改变人民，欲改变人民，则必赖乎教育。信教育可救国者，非无其人，而至今无努力从事之者。其故有二：（1）处于国势紊乱，外国帝国主义侵凌之下，教育无发展之余地。（2）教育固属重要，然其为用甚缓，非旦夕所能获效者。虽然，此不过无志者之言。惟其艰难，惟其纡缓，吾人益当振奋斗之精神，刚毅之魄力，以从事之。盖一极重要而极难收效之事，欲不历种种艰险，而平易得之者，自古及今，未之见也。

以上所言，为欲使国人觉悟教育为改造中国之根本办法，现缩小范围，论及本校。

本校之寿命，本年已届二十载。建设前六年，已为胚胎时代。余时在北洋水师，感触种种国耻，知我之不如彼者，由于我之个人不如彼之个人。故欲改革国家，必先改革个人；如何改革个人？唯一方法，厥为教育。

欲教育发生实效，必注意两点：（一）普遍，（二）专。然此等云云，在初行改革之幼稚国家，欲能办到，谈何容易！苟欲行之，亦当先自小处做起。先做出良好成绩，使社会知教育之重要，然后始有普遍及专精之可能也。此等责任，私立学校当负之。此余之所以辛苦经营，而有本校之诞生。二十年来，时势屡有变更，吾校亦屡经困厄。而卒邀幸运得不致停办，不徒不致停办，且蒸蒸进行，一日千里。此其发达原因，不外以下三者：

（一）信——认定某一事业，始终以之不半途放弃，此信之谓也。

（二）永变——方法不变，虽宗旨甚佳，亦不免于守旧，且有碍于进步。吾人宗旨固始终保持，不肯放弃；而进行方法则时时改变，务使其收利益多。

（三）专——此项为一切事业成功之要素。抱定某一目的，竭毕生之精神，派刚毅之魄力，猛勇赴之。虽以身殉，不惜也；虽以利诱，不顾也。此等精神，苟能得之，无论用于何种事业，其成功必甚伟大。

此三点，为本校能有今日之原因，为余办教育所持之利器，亦为办一切事业之必需条件也。

据《南开周刊》第109期（1924年12月22日）

# 关于师生合作问题[①]

（1925年2月19日）

我校大学、中学、女中三部，现已照常开课。虽时局日益紊乱，令人抱无限之悲观，然自校中观之，各种事项，已归复原状，照常进行，实令同人等感觉无上之快乐者也。

上一学期，可谓在南开历史上一重要时期。若两次兵祸，若华北水灾，均于此一学期侥幸渡过，未受若干直接之损失；而在学期末三星期内，不幸大学部又发生风潮，幸而解决甚速，结果尚佳。吾同人经此次风潮以后，回想其成因，与今后之计划，盖非本此次所得之经验，思一种完善办法，不足以改良吾校。此吾今日所欲与诸生讨论者。

此次大学风潮之起因，由于学生周刊内数次与事实不符之文字，又有数篇文章言辞过当者。吾曾召办周刊之学生来，告以以后周刊文字，所载事实应先调查详确，且批评尤不宜失当，致伤感情。迨下次周刊出，又有批评文字一篇，内载不满意学校者四项，吾遂召作此文之学生来，详为说明其文不符事实之点。斯

---

[①] 本文为张伯苓在南开中学高中第二次集会上的演说，由吴廷玮记录。

时，校中遂有人风传学校有革除多数学生之举，于是学生各科代表四人见吾，代作文者负责任，以为不应革除作文之学生。

斯时多数教员以学生谩骂彼等过烈，乃函求吾代为调查此种论文，系少数学生之意见，抑多数学生之意见？以为其辞职与否之取准。吾遂召集全体学生，讨论此事，而学生佥言此种论文系全体之意见。教员遂多数辞职。后学生代表四人来，与吾谈判亦未得结果；而吾以事赴京。学生之宣言出，以为此次风潮，校长乃被教员迫走，岂非可笑！其后经多数人居间调停，皆未有效果，而大学于是不能不停课矣。

数星期后，学生来请求吾开课。吾向彼等言，欲使吾复职，非实现吾之条件不可。条件维何？即以后师生亟应合作。盖学生对于学校，实应扶助其进行，不当随事挑剔；且于学校之行政，学校之措施，应先了解清楚，代学校着想一番，然后可以批评，可以说话，不当无的放矢。其后学生承认对学生能力内可行之事，以后当竭力扶助学校进行；吾亦以为往事不必追究，遂使学生会向董事会、毕业同学会作一道歉，信以了结此桩公案。……现在大学已照常上课，正补作上学期考试也。

学生应根本明了，为学校之一分子，对于校务，有注意之责任。此次风潮之最大原因，可以谓由于师生间太隔膜，换言之即"不知道"三字所误也。故我以为"师生合作"问题，对于南开前途，有莫大之关系。

就吾校三部言，以女中情形为最佳；盖彼等本有师生合作之精神，且了解学校办事之困难，故年来办事极为顺适。至于大学，人数较少，年龄亦较长，此师生合作问题，似亦较易解决。

惟中学历史较长，人数又多，施行上实甚为困难。然虽困难，亦当促其早日实现，盖非如此不能使学校进步改良也。

吾前次曾召高二、三学生各十余人，征其对于此问题之意见；佥主张慢慢进行，骤然改组，实有许多不适宜处；又有一部分学生，以为师生合作，为事实上所难能，徒增学校之纠纷；学生知识有限，经验毫无，对于学校，不见能有几何之效果也。

吾以为在学生能力内可行者，苟师生合作，已足为学校进行上之助力不少；譬如同学间之劝善规过，可以补学校训育方面之不逮。又如学生对于其课程有何困难，可以直告之教务课，则学校教务进行，得很好之标准等皆是也。

关于师生合作问题，进行详细办法，俟与严曾符先生等及学生研究后，再同大家讨论。

兹者自师生合作问题外，尚有一事欲与诸生言者：近日吾观中国大部分学生，率太肤浅，一知半解即率尔操觚，实学既无，焉能持久？故吾拟此后对于学生，应深深培养之，令其多读多看，久则蓄材自富，无竭蹶之患矣。

往岁南开毕业同学之一部分，有读书团之组织，成绩甚为优美。吾尝劝告彼等，将此读书团扩大之。每一次集会，使会员就职业者，将关于其职业方面之问题或情形，报告于大家；会员读书者，可将其读书之心得，亦报告于诸会员；其他会员，或将时局情形作一批评或报告。吾以为此种组织，亦可以实施于吾校。

但吾近日得各教员之报告，与学生之谈话，知中学课程分量过重过多，使学生无余力以求课本外之知识。人谓南开高级中学毕业者,多系天才生,恐非谰言;其资质鲁钝者,皆中途降级或退学矣。故吾拟以后将中学课程酌量减轻,使适合于中材学生,而才有余者,则奖励其读书,以求深造。则此种浮嚣风气,或可渐瘳也。

据《南开周刊》第114期(1925年3月2日)

## 在南开学校追悼孙中山先生大会上的讲话

（1925年3月19日）

孙先生为一代伟人，百世师表。其主义虽不尽能与吾人强同，而其精神则耀日月，辉宇宙，万古不磨。今不幸先生目的未达，遽然长逝，留下如许责任，供吾人负担。吾人极应本先生之精神，认清目标干去，竟先生未竟之业，则先生虽死，亦当瞑目；而吾辈亦不愧为先生所手创之民国之国民。……

据《南开周刊》第117期（1925年3月23日）

## 奋斗即是生活的方法[①]

（1925年5月4日）

近几个月以来，我对于公众聚会，可以辞脱的总辞脱。因为我连月来都在解决零星片段的问题，心思也就不能联络一贯，说出话来恐怕也没甚意义，所以我不愿参加聚会演说。但有几次不能辞脱，不可不去说几句话的。如同在津的出校同学上次在国民饭店春宴，到的人数很多，主席马千里先生要我演讲，我就用了十分钟的功夫，谈了一会话；春假的时候，北京的南开同学会在京会宴，主席也叫我作了十五分钟的谈话。这两次的谈话，意旨都是一样的，不过字句间有不同。这两次谈话时间都很短，不能畅所欲言。我本想用几天的功夫，将那番谈话的意旨演绎出来，和你们谈谈；但这几天我仍然在解决着片段的问题，直到今天早晨，才抽暇想了一想，现在就和你们说。

我谈话意旨的大概是奋斗即是快乐，或者说奋斗即是生活的方法。当时在座的出校同学，都是已经脱离学校，在社会上寻生活的。他们既然在各界任事，顺逆也有不同，但是，假若一遇

---

[①] 本文为张伯苓在南开中学高中集会上的演讲，由张志基记录。

到逆意困难的事就精神颓丧,不高兴,那么,作事的能力也就一天一天减少,生活还有什么趣味。所以我对他们说:"处世要有奋斗精神,要抱乐观态度。失败了,再继续着奋斗。我们并不是决一死战,一次失败,就永远失败了,没有进取的机会。我们应当仍然向前干去,努力,奋斗。即使偶尔侥幸胜了,也不要以此自骄自满,仍然本着奋斗的精神,向前途努力。但是还有一样很紧要的,就是抱乐观态度,不要对于生活和环境发生厌倦。比如你家庭中天天见面的陈设,年年如此,丝毫不改,久后就怕生厌了;那么你何不将陈设的地位改换一下,或者加些油漆,不也就焕然一新了么。讲个笑话吧,诸位结婚都已多年了,假如对于诸位的夫人感着太熟习,太平凡了,那么,何不给她做件新的衣服穿穿,不也就换了个样儿么。人的生活能够永新,他的精神也就永新,而他对于奋斗,也就自然感着兴趣了。"

我这番话,你们也许不懂,这因为你们还年轻,还没有经验。在京的出校同学,大多都是四十岁内外了,他们踏进社会已有十几二十年,并且现在都有职业,也经过些艰难困苦,我看他们都能了解我的意旨。他们在校的时候,我也曾和你们现在谈话一样和他们谈话,这次不过是在他们在人生的旅程的中途,我再提醒他们一句罢了。你们将来也是要走向人生的大道上去的,那么我何不现在就告诉你们,保持着你们的生活,使它永新;保持着你们的精神,使它永新;本着这个永新的精神,来应付这人生一切的问题呢。

我总以为,世界上的一切是人创造的。我们的生活是创造的生活。我们应该本着奋斗的精神,创造一切,解决一切。能够如此，你才能对于生活发生兴味。否则虽然你年龄幼稚，而你的精神却已衰老了。我们更不应该对于现在感着满足，因为我们生活的目的是奋斗，不是成功；是长进，不是满足。我们能说，我们只要长进到某一地位，奋斗到某一步骤就行吗？我小时候曾见一富家子弟，那时他已二十多岁了，染了吸鸦片的嗜好，每天睡到下午五时才起身，冬天披了重裘还嫌冷。这种生活岂不是受罪吗？哪来的快乐？我那时批评他是没福享受。现在看来，原是他自己不能奋斗。而考察他不能奋斗的原因，却是他家富有，他对于当时的生活已感着满足，不想再上进。如此看来，多财的确是消磨青年人志气的大原因。青年志气一消磨，对于生活觉不出兴趣，事事都觉着呆板、单调，对于年年的花发，旦夕的风雨，都怀着厌倦，那生活着又有什么意义呢？倒不如自杀了。其实，生活是那么无意义吗？是那么困难而枯燥吗？那却不然，只是他自己的没有志气，精神颓丧罢了。

那么，怎么可以使我们感着生活的兴趣呢？唯一的答案，就是奋斗！我们须放大眼光，勿对于一己的利害患得患失。我们应做有益于群众的事业。侥幸胜了，不足为喜，因为我们的目的只在一辈子的奋斗，而不在一时的胜利。假如败了，也不要失望，因为失望能使你精神颓丧，减少你奋进的勇气。有人批评我是苦命的牛，要拖一辈子的车。不错，让我拖一辈子的车，这就是我的希望，这就是我生活的目的。

近百年来，科学发达，知道人类是逐渐演进的。那么，我们的生活，当然要永远向前进步。我们应该认定：不断地长进，是我们生活的目的；永远地奋斗，是我们生活的方法。我们绝对不能固步自封，安于现状。我们须本着奋斗的精神，采取乐观的态度，从事于我们的创造的生活。

据《南开周刊》第121期（1925年5月4日）

**记者按：**上期特载栏刊登《奋斗即是生活的方法》一稿，据校长与记者个人谈话云，除该稿所记各节外，尚有余意未申者，特为补录如下：

人类生活永新，则对于奋斗不致厌倦。惟更新生活之方法，亦须出以慎重。其能处之既久而增加吾人之奋斗能力与勇气者，斯为有益的、良善的变换。若处之久而反将吾人奋斗之能力与勇气消磨减少，则又何贵有此一变换哉？故当吾人更新生活之际，其最须注意之前提，即吾人所谓之新的生活，是否能增加吾人奋斗之能力与勇气。换言之，亦即是否能有益于吾人也。

据《南开周刊》第122期（1925年5月11日）

# 南开女中学新校舍建立基石礼开会词[1]

（1925年9月21日）

现在要将开这个会的意义，和我的感想说一说。起始建筑房屋的时候，举行建立基石礼，是西国的风俗。其意义很深，起始好，基础坚固，差不多一半就成功了，后来的种种，也可以本着前进发展，这是女中学第一所校舍，故举行这会，可以说于女中学前程，国家女子教育前途，影响很深的。可惜有一位热心教育的、提倡女学的张仲平先生，因事不能来。他对于女中学建筑新校舍，极表同情，允捐建筑费一万元。我们很感谢的！

世事似乎先有空中楼阁，然后渐渐实现。一般人看来不是容易的事，而在我们同人觉得不是很难的。二十余年来同人办理男中学，便是一个先例；大学在八里台建筑新校舍，也是一个明例。开办女中学的动机，首先在十一年[2]夏董事会，那时范静生先生曾提议添设女中学，当时议案虽通过，为了经费种种困难，却没有计划去做。其次直到十二年春，天津各女校学生代表华冰如、王文田等十人，正式来要求我添设女中学。她们的理由是：

---

[1] 本文由陈学荣、林懋志、赵克慧、黄宁馨记录。
[2] 此处指中华民国纪年，下同。

（一）天津没有适当的女中学。（二）南开大学已收女生，而没有好的女中学做预备，女子想进大学，仍是不行。故十二年秋，决意开办，招初级两班，计七十余人，校舍租用六德里住房，即男中学的第二校外宿舍，再捐到数千元开办费，男中学补助常年经费，女中幸告成立。可是后来人数增多，初中将毕业，女生又有添设高中之要求，外来要求寄宿者也日多，奈何经费竭蹶，校舍无法分配。因此在去年秋，有募款十五万元之计划，以十万元为基金，以五万元在男中学操场之南，为新校舍建筑费。不料今日竟在此举行建立基石礼了，而空中楼阁，不久将为我们讲学读书的地方了，"有志者事竟成"一句话，真可鼓励我们呢！

我回想二十余年来的经过，凭着立志、冒险、前进的精神，方得到今日的情况，不过现在仍向前走着，力求进步。如果南开的学生，每人有这种精神，我想于社会国家，总有些补益吧。

举行建立基石礼时，照例教职员学生来宾各推代表，垫一些灰，这是表示大家合作之意义，望诸位领会这点意义。

据《南开周刊》第1卷第3号（1925年9月28日）

## 基督教与爱国[①]

（1925年10月11日）

今天敝人很荣幸的，在诸君前说话，这次是很不容易凑巧的，因为前几天有朋友找我到烟台讲演，回来的时候，旅行不甚方便，先乘汽车，后坐骡车，到车站的时候，火车正要开行；若是再迟到五分钟，恐怕此次对诸君说话的机会失去了。

此次的讲演，敝人没有参考书籍，不过仅将我个人既往的经验和诸君讲一讲。

我信宗教的原因，就是发生于我的爱国心。二十几年以前，我在北洋水师学校，亲见旅顺、大连为日本割去，青岛为德人夺去。当我到刘公岛的时候，我看见两个人，一个是英国兵，一个是中国兵。那英兵身体魁伟，穿戴得很庄严，面上露着轻看中国人的样儿；但是吾们中国兵则大不然，他穿的衣服还不是现在的灰色军衣，乃是一件很破的衣服，胸前有一个"勇"字，面色憔悴，两肩高耸。这两个兵若是一比较，实有天地的分别。我当时觉得很羞耻和痛心，所以我自受这次极大的激刺，直到现在，还

---

① 本文是张伯苓应北京协和医学校宗教部长朱友渔博士的邀请，在该校所作演讲，由郑兆龄记录。

在我脑海里边很清楚的。我当时立志要改造我们的中国人，但是我并非要练陆军、海军同外国相周旋，我以为改造国民的方法，就是办教育。后来，我回到本城兴办学校，遇见种种的困难，并且有时候我还抱着一种悲观，我知道这种人生观，没有什么意思，因为人终久要死。以后我常读《耶稣言行录》，看见耶稣的为人，很受感动。这一本书帮助我很多，我所以藉着他的鼓励总算是还没有半途中止，而打破各种困难，还要办我的教育；换一句话说，就是要改造我们的中国人。我希望受改造的中国人，再和他们外国人比较的时候，就不在他们之下。我因为得着耶稣基督的帮助，我才起始信宗教。所以我说我的基督教的信仰，实在发生于我的爱国心。

我们更进一步讲，宗教是否与爱国互相冲突？我们若是平心而论，宗教毫不与爱国有冲突之点。在拳匪之乱以先，中国人信教者甚少，而当时多数人，还反对基督教，他们以为若是入基督教，无论什么事情，都要学外国人，说外国话，穿外国衣服，甚至于还信仰外国的神仙，若是用外国的宗教，而爱吾们中国，这岂不是"南辕北辙"？这从前人的思想，我们公认是不对的。

现在又有人说："基督教虽好，但是实行在中国，未必合宜；因为中国比他国弱，而基督教的宗旨，不外乎世界大同和博爱，毫无国家的观念，这岂能实行在吾们中国呢？"但是诸君要知道，敝人今天所谓的宗教，也就是宗教的真义，并非仅仅的讲演神灵，祷告上帝。我们还用这宗教的能力，改造社会，使国家的地位不在外国之下。

现在还有些人对于爱国的观念很注重，游行、演讲、开会、募捐，费了许多的力量，回头看一看国家的状况，与从前没有什么分别，所以非常的恼丧，而他的志向，一点一点的也就颓下了。诸君要知道，我们国家受病太久，并不是一天所能治好的，也并不是游行、演讲、开会就能治好大病的。还有一种人受了极大的激刺，痛恨外国人，要杀外国人，教他的爱国热心所鼓动。这个不仅对他自己并没有利益，即是对于国家也有害处。所以我以为爱国不要狭义的，乃要用一种广大的方法，去救你的国家。那方法是什么？就不外乎我所说过的用宗教去救国。我从前看见有人，抱着爱国的热心，立志要救他的国家，后来因为困难将他围住，他就始而不敢前进，既而丢去他的大志，终乃灰心失望，甚或还有因灰心之后，而无恶不为者，这是因为他不知道用宗教的方法，去鼓励他自己。

这一次我到烟台的时候，三天之内，讲演几乎到十次，看见他们一般的青年男女学生，很有爱国的观念，所以我回来之后，有一种感想，还是要办教育。因为教育能够使得他们这样儿。我自己要勉励，今天还要用几句话勉励诸君：希望中国的兄弟姊妹们，你们若是要强你们国家，应当以宗教爱国，不是要狭义的。再就他一方面而言，加拉罕的言论很合公理，他是一个非基督徒，还说出这种的公理来。我们世界的基督徒，为什么还不快讲出公理，我希望世界的基督徒，将公理行在世界上边！

据《南大周刊》第1卷第5—6号（1925年10月17日）

## 熏陶人格是根本 [1]

（1925年11月25日）

刚才主席说："二年前，曾经有过商学会组织。这次不过中兴罢了。"大概那时时机未熟，所以未能顺利进行，现在时机看来成熟了，希望你们立下稳固的根基。

我们学校里，现有文、理、商、矿四科。文、理、商先立，矿科是后添的。但论起精神，矿科最好。它的原因是什么？据我想矿科每个暑假有练习，同学得在一块儿玩耍或讨论，所以其乐融融，感情甚好。矿学会的组织，虽然也有教授帮助他们，确是个自动的组织，成绩最好。它的原因，也是我前面所说过的暑假有练习。你们商科这次组织商学会，联络校内外同学感情，为将来作事之备。我希望你们的成绩，不落矿科之后。

南开大学教育目的，简单地说，是在研究学问和练习做事。做事本就是应用学理。将平日所得来的公律、原则、经验应用出来到实事上去。

研究学问，固然要紧；而熏陶人格，尤其是根本。"君子

---

[1] 本文是张伯苓往南开大学商学会成立会上的讲演，由尹慎记录。

不重则不威，学则不固"，个人人格是很要紧的。人格要与人合作，才能表现，假使你孤居远处，隐居鸣高，那末就是你有高尚人格，也无由表现了。我希望你们同心协力地去合作，表现你们的人格，而达到你们的目的。

人不必怕穷，更不必必自私；我不信自私有济于人，我却信社会上各种事能对公私皆有利者，始有济于人。拿着公众利益的目的去做事，决不至于失败。假使真为公而失败，也不算失败。我几十年信此甚深，一意力行，始终未渝。假使有人要在那一界，乘着机会发点财，先为自己谋温饱，这种发财的人，人家对于他，固然不满意，就是他自己以财多受累，也不见得就痛快！

现代科学昌明，工、商、农界都有新的发明和新的组织。我希望南开大学能造出一班有组织能力之人，以发达中国的实业，而谋国家的富强。

现在风行一时的，不就是共产主义吗？它的发生的原因，就是分配不均。一个社会里，有几个资本家拥有大量的财产，群众对于他不满意，因而有罢工等事。但是这些事，是在西洋常见的。中国的现状，说不上有产，有的是些作工工具及机器，这些东西能帮助着人生产快，并且也不能为一个或几个人所独有。所以现在的中国，不是产业的不平，是政治上的不平，政治上的糜乱。我理想中想造出一班人来，发达中国实业，为公的，而非为私的。

我的理想，如何实现，在办教育。所恃靠的人，即你们商科的学生。你们今天开完成立大会后，起首去做，希望着达到你们章程上的目的，至于能否达到，要看你们做得如何。不过在现在的中国，为中国历来未有之时机，到处皆机会，不至有"英雄无用武之地"之憾，顶着头去干，快乐极了。

你们的智力、体力及家资都很够用，又有一个很安静的地方来读书；读书疲了，还有我这个"作梦家"替你们吹气，环境还不算好吗？现在时局扰乱到如此，一般醉心权利者失败必矣，恢复及最后成功的责任，端在你们预备中的青年。

有人说我厌谈政治，其实何尝如此。实在地讲，今日之政治，无所谓政治。中国现在之政治，一官僚之政治，政客之政治耳！政客把身卖与军阀，是为饥寒所迫，不得不然，假使不出卖，就没有饭吃。我并不是不谈政治，是谈政治的机会没有到。我认为要人人有业后，始可谈到政治。现在一般在政界混饭吃之人，皆家无常产，没有饭吃，机会一到，乱喊乱咬，我尚忍心劝人去入此陷阱乎？所以我的方针，是先办实业，后谈政治。从实业中拿些钱出来，去办政治，不是从政治中拿些钱出来，去买议员，这种先实业而后政治，就是我的政治梦。少年人做事，要有眼光，要有合作的精神。有了合作的精神，才有同心一志的意向。一个人上去，不要总去骂人家出风头，中国人真正应当出的风头不去出，所以才闹得中国到这个地步。有人上去了，我们应该去帮助他，不要拆台。少年人固然有些是尖头，只想占便宜，不管闲事，只晓得找人家的错处，而自己又不去做；但是这种尖头的事，小的时候，固然觉不着什么，到了长大成人，出去做事，就不行了。假使有一个同学在某处有点建设，要用一个人，一提到尖头的印象，他就会拒绝引用，这种事确不是小的。眼光要远，有了远的眼光，才有发展的机会，中国现在到处是未开辟，此时不去作，何时去作？

我希望你们，第一联络在校同学的感情，如同矿科一样，再联络出校同学及实业界各人，按部就班地往前去做，到后来就觉着快乐了。我的做事的秘诀，就在快乐，你们如能保持这种乐观的态度，成功如操左券。我在这个成立大会里，因未有预备，随便地说了些闲话，但是我很热烈地希望着你们努力合作，达到你们的高尚目的。

据《南大周刊》第24期（1925年12月7日）；参见《南开周刊》第1卷第14号（1925年12月14日）

# 学行合一[1]

（1925年12月17日）

上期周刊登了陶知行先生为本校教职员演讲的一篇稿子，题目是《教学合一》，大家想都看过了。陶先生的意思，说教学应当合一。他的理由是：一、先生的责任在教学，在教学生学；二、教的法子必须根据于学的法子；三、先生不只是教学生学，并且同时自己也要学。我对于他第一个理由，还有些意见，陈先生已约略地写了几句登在周刊上。现在，用这几十分钟，我再和大家讲讲。

我的意思，以为以前的"教书""教学生"，固然是不对，但是"教学生学"就能说是已经尽了教之能事了吗？这个，据我看，还是不够，应该再进一步，教学生行。中国古代的教育的特点，教学生行也可算是一个。我现在可以举几个例，来证明孔子的"教学生行"：

《论语·学而》章有几句话："子曰：弟子入则孝，出则弟，谨而信，泛爱众，而亲仁；行有余力，则以学文。"

---

[1] 本文是张伯苓在南开中学高中周会上的演讲，由蔡昭明、张志基记录。

这里所谓的"孝""弟""谨""信""爱众""亲仁",不都是关于"行"的方面的吗。你看他底下接一句说,"行有余力,则以学文"。他对于"行",是何等的重视!反观现在的知识阶级里的人,多半是学有余力,则以求行;只顾求学求文,反把"行"一方面视为次要,甚且毫不注意。这是什么道理呢?难道说古人须讲"行",而今人可以不顾吗?

再看《中庸》上的一段话:"博学之,审问之,慎思之,明辨之,笃行之。"

这几句话将我们求学的步骤指点得清清楚楚。我们要博学,但是仅仅听受得很多,而不加以讨虑,他人怎样说,我们怎样听,没有丝毫怀疑、思索和辨明的功夫,那又有什么益处?所以那"审问""慎思""明辨"三步是必须的了。这几步功夫都有了之后,可以说声"知道了"就算完事吗?仅仅"知道了"有多大好处?所以"明辨之"之后,接着就是"笃行之"。着重还是在一个"行"字。

再举一个例来说吧,《论语·雍也》篇说:"哀公问:'弟子孰为好学?'孔子对曰:'有颜回者好学;不迁怒,不贰过……'"

哀公问的是谁好学,孔子答了颜回好学,似乎就可接说"不幸短命死矣"。可是他却插入"不迁怒,不贰过"两句,这是论他的"行"的。由此可见孔子心目中的好学,乃学行并重,而不是死捧书本的。

有些人以为"教学生行"很困难,在现在这个时代,无从着手。譬如你教代数,教他行X呢?还是行Y呢?并且,现在学

科这么繁多，顾功课还来不及呢。诚然，现在的社会，比从前的复杂得多。一个人的知识，也应当比前人的多，才能处在社会里头。所以"知"的方面的科学等等，应当多多教授。但是，仅仅得了许多的知识就能满足了吗？"学"的一方面即使十全十备，而"行"的一方面丝毫不注意，这样能算是个完人吗？这当然不对。所以，我以为最低限度，即使"行"不比"学"更重要，也应当"学""行"并重，不可偏废。

学行并重，我们知道是应该的了。但是，怎么"行"呢？是否教工程学的除了课本上的知识而外，还教学生实地练习就叫做"行"？这个，并不是我所谓的"行"，也不是古人所谓的"行"。我所谓的"行"，是行为道德。提起道德，我又有些意见。近来一般人以为人类是动物的一种，他能够生存，他当然不免有欲望；可是一人能力有限，要合多少人，才能使生活的欲望满足；在这共同的努力的关系上，发生出公共的道德信条。这种说法，是从利害上着眼的，而不是从是非上着眼的。现在的人，可以说他们是智者，因为"仁者安仁，智者利仁"，他们都是从利害方面去观察的。这个，固然也是一时的潮流所趋，不易避免。但是我们既然觉出他的错误，就应该力自拯拔。像《论语》里曾子所说："吾日三省吾身：为人谋而不忠乎？与朋友交而不信乎？传不习乎？"那么自己监督着自己；对于学的一方面，也同样的重视努力，使学行两方，平均发展。世界上的人全能如此，那么，现在的那些奇形怪状的事情，早就不致发现，而我们的生活也早就安宁而美满了。

时间匆促，不能多说。现在，让我把我的意思总结起来说吧：现在社会上的变迁很大，而多流于偏废，只重物质，不重道德。尽管"学富五车"，而行为可以私毫不顾。这种错误，我们既已觉察出来，就应极力矫正，学行并重，才可免畸形发展的弊病。所以，现在的教育者，不但是不能以"教书""教学生"为满足，即使他能"教学生学"，还没有尽他的教之能事。他应该更进一步，"教学生行"。"行"些什么？简言之，就是行做人之道。这样，才能算是好的教育。

据《南开周刊》第1卷第16号（1925年12月28日）

# 南开学校 22 周年开会词

（1926年10月17日）

大学、男中、女中，三部用这一天作纪念日，原因就是：因为这天是男中纪念日，大学、女中两处是由这一处里发达出来的，并非特立的，所以仍然要在这一天纪念，今天开的这个会，纯粹是庆祝会，不是游艺会，往年在那灯火辉煌的晚间开游艺会，今年特在早晨开这个庆祝会，因此来宾来的很少，可是学生来的倒有一千多个，比起从前在严先生家的时候，学生不过一百多人，相差多少倍哪！

女中新校舍，是华午晴先生自己绘的建造图，盖得也很好，本我的经验，盖房有个四要素：（1）应用，（2）坚固，（3）美观，（4）省钱。华工程师对于这四样，算是全做到了，外人的工程师，对于第四项是办不到的。

南开亏款很多，可是捐助本校巨款的，也不乏其人，如美国煤油大王捐助建筑科学馆的费用，所以无论什么事，不要怕难，尽力的去做，努力往前奋斗，没有个不成功，咱南开二十二年的历史，就是奋斗与进步的结果，所以今天开这个会：一方面，是庆祝奋斗的成功；一方面，就是教你们养成奋斗的良习，要是多开几个庆祝会，相许你们把"难"这个字忘到九霄云外，恐怕连点影子也没有了。

据《南中周刊》第11期（1926年11月10日）

## 远东运动会情形[①]

（1927年9月26日）

远东运动会系于上月27日开会，9月3日闭会。查远东运动会系1913年菲律宾青年会体育干事发起，得中日青年会体育干事之赞助，遂于是年在马尼拉举行。目的在使远东诸国参加世界万国运动。其后每逢单年举行一次，至本年为第八届。主持运动会者，为远东体育协会推举之常务委员。下届定1930年在日本举行。本届在中国举行，故由中华全国体育协进会主持。会长为王正廷博士，余为副会长，沈嗣良为干事。因王君至期不能赴会，由余代理主席。此次筹备颇为周至。先是开会地点系指定北京、上海两处任择一处。因北京天坛须加修理始能适用，又因时局关系，故仍在上海开会。经费共用去五万余元。江浙两省助二万五千，其余均靠门票。开会结果，门票收入六万五千，出乎预料之外，亦可见国人对于体育之有兴趣也。参加选手计菲律宾160人，日本180人，中国130人。上次在菲律宾开会时，因日本选手以田径赛裁判不公，临时退出，致全会精神不佳。此次日、

---

① 本文是张伯苓在南开中学的讲演。

菲改章程，请参加日、菲职员。中国未允。但准该两国派员为Inspector当第一日下午低栏预赛时，菲选手某因被罚，取消其资格，辩论颇久。夜间游泳比赛时，日本选手亦有微词，幸办事人调解得宜，未发生不良事件。此次筹备事宜纯为中国人，不似前两次在中国比赛时有外人参加。统观全局除足球比赛时稍起冲突外，均甚佳善，而我国选手之精神尤可钦仰。篮球锦标若我选手不怀急求胜利之心定可得到。闻比赛时，连罚菲五球。我方选手，均未掷进，盖心慌之故也。田径赛我国非特不能得分，即预赛亦不能列名。吾在场时，只见日、菲选手，不见中国选手，殊为难过。我国人对于团体竞赛能得胜利，而于个人竞赛则否。有人谓我国人富于团体精神。此真自饰之词耳。以后远东运动会改为四年一次，藉符世界运动会期。现在中华全国体育协进会选董事九人，内有常务董事五人，系住在上海者，以便进行一切，并计划提倡全国体育方法。废除以前省区制，提倡大城体育。组织大城体育会，如上海、北京、天津、汉口等。至第四届全国运动会拟在广州举行云云。

据1927年9月27日天津《大公报》

## 今后南开的新使命

（1927年10月17日）

这次本校刊印二十三周年纪念特刊，承编辑诸君邀我为文，使我藉此机会与校内外诸同学略倾几句想说的话，心理很觉欣幸快慰！

我想诸位都知道我们南开学校过去二十三年的历史，是无日不在风雨飘摇之中。频年经费的困乏，几次灾害的侵迫，都足以致我们学校于死命，陷我们学校于停顿；然而这样辗转患难卒能成立到现在，并且蓬勃滋长，前进未已，这实在一方面是靠社会诸公同情的扶助，一方面是靠本校同人热忱的奋斗。所以在此我先要对于他们诸位表示一番谢意！

本校成立到现在，在社会上所居地位若何？我想诸位在各方面，当然可以听到看到。但是我们所以能负此时誉，决不是因为我们校舍比人大，或是学生比人多，实际还是靠我们所产的"果子"品质精良。因为诸君出校后在社会各方都能稳实从事，人格上、学问上，又能奋斗向上，处处发扬南开的精神，随时怀着救国的志愿。这一点我以为正是本校对于社会的贡献，也就是诸君赐与母校的荣誉。所以在此我对于诸位离校同学也当深深表示感激！

　　我在三十年前肄业北洋水师，当时因为看到国是日非，外侮频亟，觉得要救中国非从教育入手不可。所以就与严范孙先生合创私塾，那时惨淡经营，校舍很是简陋，设备也极不完备，其后历了几许患难，经了几许奋斗，才能扩张到现在这样。为斯缔造经营，无非要想达到教育救国之目的。不过我以前所采取的方式，与现在稍有不同，也可以说那时的方法是没有到十分彻底。因为我以前终以为中国之积弱，是只在我们个人没有能力，所以一切不能与外人并驾齐驱；并且想以我们四百兆之众，苟有一天能与外人一人敌一人，则中国之强就可翘足而待。故一向对于教育方式，都按此目标向前进行。迨至近来，因经多方观察，觉中国至深之病，实不在个人之没有能力，而在个人之缺乏合作精神。我们且从智力方面讲，许多留学外洋的学生智力何尝真比外人低，学校考试的时候，第一名还往往多属中国人；其次再从实际方面看，多少经营贸易的商人，致富的本领有时只比外人来得大；然而一谈到国家，他们终是富强，我们终是贫弱，这原因究竟何在？难道仍是我们个人能力不逮的毛病吗？一经细察，就觉事非尽然。现在列强之所以能致富致强，实在是靠他们人民团结的能力；因为他们有强有力的政府，可以作他们一切事业的保障，并且可以凭此与外人抵抗。反顾我们中国，人民虽众，只是一盘散沙，人各为己，凭什么力量能与外人抵抗？我们要以个个人的分的力量，与人家全人民团结的力量去折冲争御，这岂不是以卵击石，终归失败吗？所以在此我觉得我们中国现在实有训练团结的必要。我们全国人民现在最低限度的希望是要有一个独立的国家，一个良好的政府。所以我们现在一方面是要使人民有组织的能力，合作的精神，负责任肯牺牲，没有名利之思，不作意气之事，什么事都以国家为前提，如此人才，将来组织政府，才能使政途清明，政治稳固。这正是我们现在训练的目标，也正是我们南开的新使命。所以现在本校对于此点已积极进行，凡校内各种组织都加以特别指导和辅助。此外，一方面要使人民有政治常识，了然于世界大势，对于各种关系本国切身利害问题，尤当实地研究，如此做去，才能得到真正的补救方法。关于此点也正是我们南开重大的使命。所以本校现在也已在实地进行。学科方面，现都特别注重学生应有的根本常识。近来更要有满蒙研究会之组织，凭着我们去空谈重实行的精神，我们要把满蒙问题能够实际解决。当然我们中国问题，不只满蒙一个，此外如关税、铁路等等，何尝不都是关于中国切身利害的问题呢！我希望我们将来都要把它们拿来细细研究，并且希望校内外同学能够互相联络，多多探讨，这样我们的教育方针，才不至于空虚，我们的救国目的，才不至于妄谈。最后我还要提醒大家一句话，就是我们应该通力合作，固结团体，实现我们最低限度的两个要求——一个独立的国家，一个良好的政府！

据《南中周刊》第31期（南开学校23周年纪念号，1927年10月17日）

## 结婚四十年自述①

（1935年2月24日）

我本是出身于寒士家庭中的一个子弟，父亲是一个教书的先生。教书的和穷字向来不分家，所以同时我的母亲，还要用十指来帮忙他的丈夫，去接收一点外活来做做。我有两个妹妹，一位嫁了马千里，一位嫁了一个姓黄的。一个弟弟，那便是仲述。当然完全是一个旧家庭。

在我十九岁的时候，我就结婚了，也就在那年冬天，我的第一个太太就死去了，从结婚到续弦，中间不过十八天的功夫。那十八天，就从糊里糊涂中过去。我常想假若我是一个女人，而又是在旧环境中，过了糊里糊涂的十八天，便要一辈子糊里糊涂的守节守了下去，岂不是一件笑话。但我们可以想到这种笑话中的主人，是随时随地不难找到的。

我到二十一岁的阴历正月二十一日，又和现在的太太结了婚。向来续弦，一定丈夫比妻子要大。但我们却是例外，她却比我大了三岁。她的父亲，和我的父亲的职业是一样的，也是教书

---

① 本文是张伯苓在他举行的结婚四十周纪念会时，对《益世报·社会服务版》记者的谈话记录。

的，这正称得起是门当户对。

她到我家的时候，我的弟弟仲述，才不过四岁，她常把他背在身上的。

我的母亲，是一个心地很慈善的老太太，不过喜欢爽快，脾气有点燥。家里又没有钱。那个环境，确实是不大容易对付；但是她向来没和我说过一句话，关于她的任何困难。家里实在没钱用了，我的母亲有时就拿自己和她的东西去当，她知道家里的贫乏和婆母的苦心，她为安慰老人，假作不知。她向来不看重物质，所以也并不寻找；而母亲等到有钱的时候，便又悄悄的赎出来，给她放在原处。例如这种事，她并不告诉我知道。到了后来家境稍为充裕了，她并不再感觉困难了，才渐渐的当闲话，偶而和我谈谈。我才知道过去母亲和她都曾经受过许多艰难。

我那时正在北洋水师学堂，常在船上，不能常回家。如果回家的时候，她尽说许多足以使我愁烦的家庭琐事，岂不两个人就减少了快乐，反觉得索然了吗？要是她再哭一场，我真不知将何以自处，但她并不如此，她始终认定了只有夫妇俩的情感要紧，其余都可以不管，所以便一切索兴不说。这算盘打得我以为顶对，顶对！我觉得她最可以称道的，就是她应付旧家庭甚为得体而又不使我知道一点的这一点。

我自己是一个办教育的人，办教育自然也就是教书，教书不能发财，办教育也就不能发财。当我自己开始养家时，我就告诉她，钱不要花过了头，尤其不要使我分心去想家里的钱不够花，所以几十年之内，我家里在极经济的支付状况下，是无时无钱的，说不定，也许是我给的过多了罢？的确，她向来不曾和我提过一个钱字。这一点，帮助我很大。假使她不能不向我提钱，而我又时时为家里用钱打算，我也就不会专心于我的教育事业了，特别是在赚钱还不多的时候。钱，这个东西，是没个够的，那要看你怎么用。

她持家常然十分节俭，但对我却很优厚，例如她在这四十年中，就是常为我预备些好吃的食品，孩子们却并不在内。

我对于孩子们，没有功夫去看管他们，都是由她看管大的，她不识字，不能教育，但是常识却十分丰富，而且理解非常清晰，孩子们对于他们的母亲，都是十分敬爱的。

她教育小孩子有三种规定：一、宁肯饭菜做得好些，但绝不许买零嘴吃。二、绝对不许说诳话。三、用钱只要有理由，准给；没理由，准不给。

孩子们都穿布衣服，就是现在他们做了事，这种良好的习惯还存在着。向例老大的衣服，再留给老二穿，老二的衣服留给老三穿。但是后来长成了人，我的三儿子却比二儿子高，四儿子又比三儿子高，这却成了一个有趣的问题。记得有一次老四向他的母亲要求："来件新棉袍罢！我穿完了再给三哥，再给二哥，大哥，倒着穿回去不一样吗？"我想起来就要笑，从这里，也可以看出她教子，持家之一斑。

孩子们小的时候，当然爱闹，所以当我在家时，他们的母亲怕惊扰了我，便领了他们到别处去。她对于孩子们是不常说的，她觉到总说并不好，那样会减去了孩子们的羞愧心和改过。我对他们偶而打过，但次数极少，也可以说因为他们有了好母亲，他们就用不着我去管教了。

我的四个儿子,在她的管教之下,如今都成了人。大的又作了教书的先生;二的仍来经商,现在是从政了;四的在中央航校现在也毕了业,总算都有了相当的成就。三的现在是正在养病时间,他生的是肺病,多少名医都治不了,而且几乎认定了命运已无可挽回,而他的母亲却自信母爱一定可以使他起死回生。果然,她那伟大的母爱,就使他日渐壮健起来。这四十年中,她为了四个儿子,真不知费了多少心血!

她最使我满意的,就是四十年来对我时时、事事的安慰。我最近这几年,命运的确不错,但前几年,有许多时候是遭着失败,也不知碰了多少钉子。我每次钉子来的时候,总抱着不说话的态度,在我沉默的期间,她每次是如何的安慰我!劝我!她总爱说:"不要紧,什么事情过去就好了!"这话的确对!的确有道理。在我每次碰了钉子被她劝解以后,接着便是另一个新的开展,回回都如了她的预料:"过去就好了。"她增加了我的勇气和自信心!

家庭本是一个人工作后回来休息的地方,当然应该有一个愉快的环境才对,如果家庭是一个蹩扭的家庭,那就一定不能增加他工作的效率。我在家里,四十年来,向来不曾生过一点气,这便是她最大的功绩,我最大的安慰。因为这样,我作事的心,才不被分化,才永远是个整个的,她的确帮助我工作增加不少效率;但她不像一切新式女太太一样,只会安慰丈夫而并不负其他的一切家庭责任。

我对于自己的衣服,向来是不会想的,什么都是她替我预备,现在钱稍微松动了,还好办,从前量入为出的时候,她也都预备得很周全，熨贴。我向来却不曾注意过她的一切事。她又不合新式的太太们意见一样，对于丈夫，并没有"你应当伺候我！"的观念。

四十年来，我们未曾打过一次架，就是偶而有见解不同的地方，一会儿也就过去了。

就她的常识论，我觉得比读过书的妇女还要高一点。我真幸运有这么一位太太，如果不是这样一个人，恐怕这一生，我什么也作不成了。

四十年里，我每天回到家中，是完全休息着，十分舒服，十分安慰。因为有了她，不知省了我多少事：父母，她替我侍奉了；子女，她替我抚养了。我真应该对她表示十二分的谢意。"我尊敬她，我佩服她，佩服她的算盘打得的确不错！"

据1935年2月24日《益世报》；参见《南大副刊》第54期<br>（1935年3月8日）